U0624877

测绘新技术在国土资源管理中的运用分析

马新亚　王铁成　师铁英　主　编

吉林科学技术出版社

图书在版编目（CIP）数据

测绘新技术在国土资源管理中的运用分析 / 马新亚，王铁成，师铁英主编. -- 长春：吉林科学技术出版社，2023.10
ISBN 978-7-5744-0884-5

Ⅰ.①测… Ⅱ.①马… ②王… ③师… Ⅲ.①测绘学—应用—国土资源—资源管理—研究—中国 Ⅳ.① F129.9

中国国家版本馆 CIP 数据核字 (2023) 第 188174 号

测绘新技术在国土资源管理中的运用分析

主　　编	马新亚　王铁成　师铁英
出 版 人	宛　霞
责任编辑	郝沛龙
封面设计	刘梦杏
制　　版	刘梦杏
幅面尺寸	170mm×240mm
开　　本	16
字　　数	240 千字
印　　张	14.25
印　　数	1-1500 册
版　　次	2023年10月第1版
印　　次	2024年2月第1次印刷

出　　版	吉林科学技术出版社
发　　行	吉林科学技术出版社
地　　址	长春市福祉大路5788号
邮　　编	130118
发行部电话/传真	0431-81629529 81629530 81629531
	81629532 81629533 81629534
储运部电话	0431-86059116
编辑部电话	0431-81629518
印　　刷	三河市嵩川印刷有限公司

书　　号	ISBN 978-7-5744-0884-5
定　　价	78.00元

编 委 会

当今世界正处在信息化时代，我们国家提出了通过推进信息化、促进现代化，加速我国经济、社会的可持续发展。国民经济建设和社会可持续发展对诸如时间、空间、属性这类地理空间信息即广义测绘信息的需求也在迅速增长。人类社会80%以上的信息涉及空间地理信息，测绘在国家信息化和现代化建设中发挥着越来越重要的作用。为了适应国家信息化建设的需求，测绘已经步入信息化测绘的新阶段，正在朝着智慧测绘方向发展，这对测绘人才队伍建设提出了更高的要求。

近些年来，随着我国经济的日益增长和社会的可持续发展，"珍惜和保护每一寸土地"这一基本国策已越发深入人心。国家陆续出台一系列旨在更加科学管理和严厉保护土地的政策和法规，加之现代测绘科技的不断进步，使得地籍管理与地籍测绘的手段更为先进。且随着国民经济的不断发展，土地利用的调查与测绘工作的作用更显重要，因而它已成为我们测绘学科和行业的重要组成部分。目前，国家和地方测绘部门有大量的测绘工作者投入这项工作中，这也促进了地籍调查与测绘工作的开展。

本书突出基本理论，并注重与我国实际相结合，在吸取全国第二次土地调查工作的实践经验基础上，主要研究了地籍测量的基础理论和技术方法，地上建筑物及附着物——房产的产权调查、测量、制图和房产面积测算等内容。本书首先介绍了国土资源与地籍测绘的基本知识；然后详细阐述了房产测量、土地勘测定界等方法，以适应当前测绘新技术在国土资源管理中的运用与发展。

本书共八章，其中第一主编马新亚（周口市不动产登记中心）负责第四章、第五章第一节至第四节内容编写，计5.2万字；第二主编王铁成（项城市自然资源和规划局土地储备发展中心）负责第一章、第二章第一节内容编写，计2.5万字；第三主编师铁英（项城市自然资源和规划地理信息中心）负责第二章第二节至第三节内容编写，计2.4万字；第一副主编赵桂霞（商水县建设工程质量安全技术服务站）负责第八章内容编写，计2.5万字；第二副主编朱静(周口市自然资源和规划局〈周口市地产估价事务所〉)负责第二章第六节、第三章第一节至第三节内容编写,计2.1万字;第三副主编李培育(周口市国土资源调查规划院)负责第五章第七节、第六章内容编写,计2.3万字;第四副主编吴刚(周口市不动产登记中心)负责第五章第五节至第六节内容编写,计2.4万字;第五副主编张志刚(周口市不动产登记中心)负责第二章第四节至第五节内容编写,计2.2万字;第六副主编马海军(周口市国土资源调查规划院)负责第三章第四节、第七章内容编写,计2.4万字;编委位峰威(周口市不动产登记中心)、杨光(周口市不动产登记中心)、苏新宇(周口市公共资源交易中心)负责全书统稿。

　　本书突出了基本概念与基本原理,在写作时尝试多方面知识的融会贯通,注重知识层次递进,同时注重理论与实践的结合。希望可以对广大读者提供借鉴或帮助。

　　由于地籍与房产测量不断发展,有许多实际技术问题亟待研究解决,再加上作者水平有限,书中疏漏与不当之处在所难免,恳请读者指正。

第一章　国土资源概述

第一节　国土资源的基本知识

一、国土资源的概念

"国土"指一个国家主权管辖的地域空间，也就是全国人民赖以生产和生活的场所，包括领土、领海、领空以及海洋专属经济区，大陆架等具有开发其资源权利的区域。国土对于一个国家来说是极其重要的，它既是人们生活的场所，又是进行各项经济建设和文化活动的基地，也是发展生产所需要的各种原料和能源的发源地。从国土与人的关系看，国土既是资源，又是环境。作为社会经济发展的物质前提，国土是资源，包括自然资源和人文资源。作为人们生存、生活和生产的活动场所，国土又是环境，同样也包括自然环境和人文环境两个方面。

国土资源的概念有广义和狭义之分，从广义角度看，国土资源是一个国家领土主权范围内所有自然资源、经济资源和社会资源的总称，自然资源主要包括土地资源、矿产资源、海洋资源、水资源、生物资源、能源资源、旅游资源等；经济资源是指在一定生产条件下形成的具有经济意义的各种固定资产，如：工业资源、农业资源、建筑资源等；社会资源主要指人力资源以及为人力资源服务的教育、文化、科技等基础设施。狭义的国土资源指一个国家主权管辖范围内的一切自然资源的总称。

国土资源既是一个政治的概念，又是一个经济、技术和自然的概念，由此看出国土资源的实质是一个系统的概念，是在一定的地域空间范围内，由若干个相互作用、相互依赖、相互影响的资源要素有规律地组合而成，并具有稳定结构的功能的有机整体。

二、国土资源与自然资源的区别

国土资源与自然资源两个概念在外延和内涵上都有区别。外延上的区别不仅表现在范围上，还表现在数量和种类上。自然资源是无限的，不受国界、洲界、星球界的限制，但每个国家国土资源的绝对量和相对量（人均占有量）都是有限的、各不相同的。一个国家无论其疆土有多大，其主权管辖范围内的自然资源种类（尤其是亚种），不可能囊括自然资源的全部种类和亚种，一些内陆国家甚至缺少海洋资源这种大类自然资源。

两个概念在内涵上的差别主要在于国土资源概念增加了"主权管辖范围"的内容。首先，这个"主权管辖范围"是符合国际法规定的范围；其次，这一范围的划定是得到国际公认的，尤其是邻国认可的；再次，那些主权关系未定或不明确的资源，如公海、南极大陆、宇宙空间等资源不能列入国土资源；最后，那些流动于两个及两个以上国家的资源，如国际河流的水资源，对这类资源进行管理，就不能仅依据一国的法律行政，还必须依据国际法和国际条约，否则就会产生国际纠纷。

三、国土资源的特征

国土资源尽管类型多样，各有特点，但也有明显的共同点，只有充分了解其特点，我们才能更好地保护、开发利用这些资源。

(一) 生态的整体性

国土资源是个整体概念，它是地球生态系统重要的组成部分，在生态系统中占据着不可替代的位置（如大气、水、森林、野生生物等），如果对其过度索取和利用，增加生态系统的负担，超出环境承载力，就会对整个生态系统产生影响，轻则导致生态系统紊乱，重则造成整个生态系统崩溃。

(二) 分布的不均衡性

自然资源的空间分布受太阳辐射、大气环流、水分循环、地质构造和地表形态结构等因素的制约，在地理分布上往往是不平衡的，其种类、数量、质量都具有明显的区域差异。比如我国南方地区水多耕地少，而北方地区则水少耕地多，煤炭主要集中在华北和东北，而磷矿则主要集中在西南和中南地区。从世界范围看，加拿大、澳大利亚拥有肥沃的土地资源，中东、俄罗斯拥有丰富的石油资源，南非拥有大量的黄金资源，北欧拥有繁茂的森林资源，等等。

(三) 数量的无限性和有限性

有些资源属于可再生资源，如太阳辐射能、风能、水能、潮汐能及地热能等，这些资源数量可以说是无限的，但是受到时间、空间以及社会经济技术水平的限制，人类利用这些自然资源的能力和范围是有限的；有些属于数量有限的不可再生资源，如几乎全部的矿产资源；有些资源现有数量虽有限，但可在短期内繁殖、再生和发展，如动植物、地下水、劳动力等。中国正处于工业化、城镇化快速发展时期，经济保持着较高的增长速度，对国土资源的需求和开发强度不断增大，优质的资源不断减少，有限性表现得越来越明显。同时，资源分布的地域性加剧了资源的有限性，如水资源的分布不均，导致一些地区严重缺水、干旱，而同时部分地区洪水泛滥成灾。

(四) 用途的多样性

国土资源是经济发展的基础，它们多以原料、载体的形式出现，在多样性的社会经济领域发挥着不同的作用。如水，既是人类生活所必需，又是农业以及电子、纺织、化工等众多产业必不可少的。资源的多用性，决定了人们在开发利用资源时，必须根据其可供利用的广度和深度，实行综合开发、综合利用和综合治理，以达到社会、经济、环境的最佳效益。

(五) 开发利用的可变性

有些资源在不同地区、不同历史时期和不同生产力发展水平下，其开发利用程度差异较大。

(六) 利益公共性

国土资源对一国乃至全世界人类具有共同的环境利益。土地是粮食之源泉，水为生命所必需，矿产等能源乃经济发展之血液，只有充分保护和合理有效地利用这些资源，才能使整个国家和社会健康稳步地向前发展。

四、土地的概念和特性

土地资源是指地球陆地表面的部分，是由岩石、土壤、植被、水文和气候等因素组成的自然经济综合体，包括人类现在和过去的生产活动结果。

土地的特性可以分为土地的自然特性、经济特性和社会属性。

土地的自然特性是指土地所固有的、不以人的意志为转移的，由其本身的物理、化学、生物性能所决定的，与人类对土地的利用与否没有必然联系的特性。主要包括：土地面积的有限性、土地位置的固定性、土地质量的差异性、土地利用的永续性。这些特征对评价土地的生产能力，配置各业生产用地，正确解决经济发展与合理开发利用土地之间的矛盾，都具有现实意义。

土地的经济特性是人们在利用、改造土地的过程中所表现出来的生产力和生产关系上的特性。这些特性有：土地供给的稀缺性、土地报酬的递减性、土地用途的多样性、土地用途变更的困难性、土地资本的储藏性、土地投入的增值性。

土地的社会属性是指人类在土地利用过程中，反映出来的一定社会中人与人之间的某种生产关系，包括占有、使用、支配与收益关系。土地的占有、使用关系在任何时候都是构成一定社会土地关系的基础，进而反映社会经济性质。土地的这种社会属性，反映了对土地进行分配和再分配的客观必然性，这是适时调整土地关系的根本出发点，也是合理利用的根本之所在。

第二节　国土资源管理的内涵与原则

一、国土资源管理的内涵

国土资源管理是一项复杂的系统工程，各项内容之间存在有机的联系。其中，国土资源现状调查与评价是国土资源管理的基础，规划是国土资源管理的龙头，开发、利用、治理和保护是国土资源管理的核心，而国土资源的政策制定、法制建设和科学技术是国土资源管理的保障。所以，国土资源管理研究的内容主要包括以下四个方面。

(一)国土资源产权管理

国土资源产权管理是指以国土资源的产权为依托，对国土资源产权进行合理有效的组合、调节，以实现资源的合理利用和有效配置。主要包括国土资源产权关系以及产权结构安排、国土资源产权主体权利与义务关系界定和国土资源产权关系保证体系。只有加快推进国土登记全覆盖、全面查询和权属争议调处工作，建立健全的现代土地产权管理制度，才能更加有效地维护土地产权人的合法权益，更加全面地规范土地市场秩序。

(二)国土资源配置管理

国土资源配置是指各种资源在各种不同使用方式上的分配，是一个动态的概念。国土资源配置在一定时期是固定的、静止的，而在一定时期的不同时刻，又是未定的、流动的。它会随着价格上下波动调整自己的流向和数量，也就是说国土资源配置管理是对国土资源在不同生产部门之间的必要平衡和相互联系进行管理，以确定国土资源在不同生产部门之间的限度和比例。在一定时刻建立的这种限制和比例经常被其价格升降所打破，所以又会引起新的限制和比例再建立，导致国土资源在不同生产部门间的再分配。国土资源配置的主要原则有三条：均衡与增长的原则、需求管理与供给管理原则、宏观经济措施的松紧原则。

(三)国土资源规划管理

国土资源规划是以全国的国土或一定地域作为一个整体，按照其自然条件和经济条件，制定一定时期内进行开发利用国土资源、治理和保护环境的总体规划方案，并在此基础上对地区生产力、城镇和人口的合理配置提出意见和建议，使社会和经济发展尽可能地符合自然规律和经济规律，为人们创造一个良好的生产和生活环境，使经济发展与人口、资源、环境相协调。国土资源规划管理是从国土资源的合理开发利用和治理保护角度出发，围绕国家或地区在一定时期的总目标和总任务，对国土资源开发和经济建设进行总体部署，提出重大国土整治的任务与要求，协调人口、资源、环境的关系，以取得较好的社会、经济与生态效益。国土资源规划是国民经济和社会发展长远计划的重要基础工作，对长远计划的制订起着重要的指导作用。国土资源规划可分为全国国土资源总体规划、区域性国土规划和专项国土规划。

(四) 国土资源保护管理

国土资源保护是指科学、合理、有效地利用国土资源，使之发挥最大的经济、社会、环境效益，服务于当代人，同时注重后代人的需要，在时间配置上达到最优。国土资源保护管理是社会、经济发展到一定时期所必需的，这是因为随着技术、经济的发展，人们对国土资源的使用、消耗及破坏越来越严重，因而若要保持经济的长远、持续发展，就必须保护国土资源。国土资源保护和经济发展是相互依赖、相互促进的。保护了国土资源，经济就可以持续稳定地发展；经济发展了，也就可以更好地保护国土资源。不要把两者对立起来，认为发展经济，就必然要破坏资源和环境，如果要保护资源环境，就不能搞开发，这种思维很局限，会阻碍人类的生存和发展进步。我们的目标是科学地解决开发利用与合理保护的关系，既要考虑经济效益，也要考虑生态效益，从而促进国土资源与经济社会发展相协调。国土资源保护管理遵循四条原则：经济、社会和生态效益相结合的原则；当前利益与长远利益相结合的原则；因地制宜的原则；统筹兼顾、综合利用的原则。

二、国土资源管理的原则

国土资源管理的原则是指为实现国土资源管理的目的而进行的开发、利用、治理、保护等活动的行为规范，是国土资源管理活动的基本依据，也是每一个管理者运用各种管理手段和方法时应遵循的准则。具体来说，国土资源管理的基本原则有：

(一) 分类指导原则

由于国土资源是由土地资源、气候资源、水资源、生物资源、矿藏资源、海洋资源等组成的复杂系统，在这个系统中，各类资源具有不同的特点，表现出各异的形态和变化规律，其作用方式及对人类社会的影响也是不同的。因此，在国土资源管理上必须要求按照不同资源的特点和性质实行分类指导，只有这样，国土资源管理才能落到实处，国土资源管理政策才能做到有的放矢，国土资源管理措施和手段才能行之有效。

（二）资源管理与资产管理并重原则

国土资源具有资产和资源两重性。因此，在实施国土资源管理时，必须贯彻资源管理与资产管理并重的原则。所谓国土资源的资源管理，是指从国土资源作为国民经济和社会发展的源泉和潜力的角度对国土资源实施的管理。资源管理更侧重于国土资源物质实体的勘察、开发、利用、治理和保护。国土资源的资产管理有三重含义。

（1）指对国土资源作为生产要素在投入产出过程中的管理。

（2）指对国土资源作为一项财产实施的产权、产籍管理。

（3）指对国土资源作为一种资产，其所有者和使用者在占有、开发和利用的过程中，实现其经济权益的管理。资产管理更侧重于国土资源权属和价值的管理。

资源管理与资产管理是国土资源管理的两个重要方面，缺一不可。

（三）整体协调原则

一方面，国土资源管理体制要有利于合理协调中央和地方、资源的所有者和使用者等利益主体的利益关系，有利于国土资源的优化配置和整体开发、合理利用，把国土资源优势真正转化为经济优势，促进国家和地方经济的发展。另一方面，国土资源的管理还应有利于各资源管理部门的相互协调，在统一规划、分类管理的基础上实现国土资源从地面到地下、从陆地到海洋的统一管理，使国土资源整体的开发、利用、治理、保护得到全面协调的发展，从而全面推进经济社会的可持续发展。

（四）依法原则

国土资源管理要依法进行，即国土资源行政主管管理机关将其行政管理的要求、目的内容、步骤和方法，通过立法程序指定为行政法规，用法律的手段确保其行政管理的有效实施，做到有法可依、执法必严、违法必究。目前，我国已基本建立了以《土地管理法中华人民共和国矿产资源法》（以下简称《矿产资源法》)、《中华人民共和国海域使用管理法》(以下简称《海域使用管理法》)、《中华人民共和国海洋环境保护法》(以下简称《海洋环境保护法》) 等一系列国土资源法规政策和行政规章,为依法管理国土资源提供了法律依据。

第三节　国土资源管理体制

一、国土资源管理体制的概念

国土资源管理体制,是指有关国土资源管理的组织结构,职责权限结构及其运行方式。其主要内容包括各级国土资源行政管理机构的设置及相互关系,各级国土资源行政管理机构的职责和权限划分、各种职责和权限的相互关系及运行方式。其中,国土资源行政管理机构是国土资源管理的组织形式和组织保证,职责权限是国土资源管理的职能形式和功能保证,运行方式则是国土资源管理组织形式和职能形式的动态反映和动态结合。

二、国土资源管理体制的发展

国土资源管理体制属我国行政管理体制中的一部分,它伴随着我国经济体制演变而变化。新中国成立以来,大致分为四个阶段:多头分散管理阶段,分别统一管理阶段,统一领导、分级管理阶段,省级以下体制改革阶段。

(一) 第一阶段 (1949—1986):土地、矿产多头分散管理

在20世纪80年代以前,我国的自然资源管理体制是部门分割管理模式,这种模式是在计划经济体制下形成的,土地资源、矿产资源、海洋资源等几大类自然资源处于不同部门分散管理状态,并且单一的一种资源本身也处于多部门分散分割管理状态。

1. 土地管理

1949年颁布的《中央人民政府组织法》规定,由政务院内务部下设的地政局,作为全国土地管理机构,统一管理土地改革、国家建设征用土地、城

镇房地产以及调节土地权属纠纷、土地租税、城市营建规划及考核等土地管理工作。后来，随着国民经济建设的发展、政府管理部门分工的细化，土地管理工作逐步向各部门分散。1952年，城市营建规划及考核移交新成立的建筑工程部。1954年，因农业合作化的发展和农村地籍的变化，国家撤销了地政局，在农业部设土地利用总局。1956年又将土地利用总局与有关部门组合为农垦部，主管全国荒地开发和供应农场建设工作，而将城市房地产管理工作移交新成立的城市服务部，从而结束了土地的全国统一管理体制。随后开始了长达30年的城乡土地分割、土地多头分散管理的体制。这种体制的特点是各级政府中没有专门的土地行政管理机构，以土地利用为主的土地管理工作由有关各业务部门分散进行。1982年，国务院进行机构改革，确定在农牧渔业部设置土地管理局，行使国务院授权归口管理全国农村土地的职能，土地统一管理工作在一定程度上得到加强。但是，这一改革遇到来自旧习惯、旧体制的干扰和冲击，一些地方出现一个政府两套管理机构，两种管理办法的局面，土地管理工作混乱、土地利用失控的情况没有得到根本好转。

2. 矿产资源管理

1952年，中央人民政府委员会第十七次会议通过决议，成立中央人民政府地质部，其前身为全国地质工作计划指导委员会和矿产地质勘探局。1953年，成立全国矿产储量委员会，负责审查和批准各种矿产的储量，掌握全国矿产资源的平衡工作，其办事机构设在地质部。1954年，根据《中华人民共和国国务院组织法》将中央人民政府地质部改名为中华人民共和国地质部，属国务院。1955年成立全国地质资料管理机构，统一全国地质资料汇交工作。至此，地质勘查和矿产资源、储量，地质资料管理有了统一的管理机构和职责。但是，由于矿产勘查开发工作实行高度计划经济的体制，由国家投入，多部门勘查，找到矿后再由国家投资，由工业部门组织开采，实际上形成分散管理的格局。1970年，地质部改为国家计划委员会地质局。1975年，国务院决定增设国家地质总局。1979年，将国家地质总局改为中华人民共和国地质部。1982年，将地质部改为地质矿产部，同时赋予地质矿产部对矿产资源勘查开发利用和保护的监督管理职能。地质矿产部作为政府主管部门，既管找矿，又管开矿，向地质矿产统一管理迈进了一步。

(二) 第二阶段 (1986—998)：土地、矿产分别统一管理

1. 土地管理

1986 年 2 月，国务院第 100 次常务会议决定实行全国土地统一管理体制，成立直属国务院领导的土地行政管理机构—国家土地管理局，负责全国土地、城乡地政的统一管理工作。1986 年颁布并于 1987 年实行的《土地管理法》以法律的形式确立了城乡相对集中统一管理的土地管理体制。从此，中国土地管理开始由多头分散管理转变为相对集中统一管理，并逐渐形成了中央、省、市 (地)、县 (市)、乡 (镇) 五级土地管理网络，中国土地管理工作进入依法、统一、全面、科学管理的新阶段。

这一时期的上下级土地行政管理机构之间主要是一种业务指导关系。各级土地行政机构隶属于同级人民政府，受同级人民政府领导，负责本行政区域内土地的统一管理工作。上级土地行政机构不领导下级土地行政机构的工作，但对下级土地行政管理机构的业务进行指导。

2. 矿产资源管理

1986 年颁布了新中国第一部矿产资源管理的法律《矿产资源法》，随后国务院及有关主管部门又颁布实施了一系列相应的配套法规和部门规章，使我国矿产资源管理逐步走上了法治轨道。为加强对矿产资源的管理，1988 年国务院机构改革中，将矿产资源管理列为政府职能。1994 年国务院办公厅以 (国办发〔1994〕48 号) 印发了《地质矿产部职能配置，内设机构和人员编制方案》，明确规定"地质矿产部是国务院全国矿产资源、地质环境和地质勘查行业的主管部门"。

(三) 第三阶段 (1998—2004)：统一领导、分级管理阶段

1998 年国务院进行了机构改革，国土资源部的成立，标志着我国国土资源相对集中管理体制开始构建。国土资源管理体制改革的目标就是要建立政企分开、政事分开、集中高效的管理体制。政企分开、政事分开要求彻底切断各级政府机关与国土资源开发利用过程中的直接经济利益联系，政府机构的利益不再以部门不同而有差别，这一点是国土资源管理体制改革的关键。国土资源相对集中管理模式代表了我国资源管理体制建设发展的现

状，无论是中央级别的国土资源行政管理机构还是省级的国土资源行政管理机构，都进行了大刀阔斧的改革，中央政府组建了国土资源部，加强对土地资源、矿产资源、海洋资源等自然资源的规划及综合利用。地质矿产部、国家土地管理局等部门整合为国土资源部，标志着我国土地与矿产实行统一管理。

国务院机构改革后，上下级国土资源主管部门之间，在业务上转变为领导与被领导关系，在干部管理上转变为双重领导关系。国务院批准的国土资源部"三定"方案明确"国土资源部对省级人民政府国土资源主管部门实行业务领导，省级人民政府国土资源主管部门主要领导干部的任免，需征得国土资源部的同意"。中共中央组织部《关于调整地方国土资源主管部门干部管理体制有关问题的通知》(组通字〔2000〕32号)规定：地方各级国土资源主管部门领导干部实行双重管理体制，以地方党委管理为主，上一级国土资源主管部门党组(党委)协助管理。地方党委任免国土资源主管部门党组(党委)书记、行政正职时，要事先征得上一级国土资源主管部门党组(党委)的同意；任免国土资源主管部门党组(党委)副书记、行政副职时，要事先征求上一级国土资源主管部门党组(党委)的意见。

(四) 第四阶段 (2004 年至今)：省级以下国土资源管理体制改革

2004 年，党中央、国务院针对当前国土资源管理中存在的突出问题，做出了实行省级以下国土资源管理体制改革的重大决策。同年 4 月，国务院 12 号文件对改革进行了全面部署。这次体制改革的主要内容是：

1. 调整省级以下土资源主管部门干部管理体制

地 (市)、县 (市) 国土资源主管部门的领导干部实行双重管理体制，从以地方党委管理为主，调整为以上一级国土资源主管部门党组 (党委) 管理为主，地方党委协助管理。国土资源主管部门党政正副职、党组成员 (党委委员) 的任免，在征求地方党委意见的基础上，由上一级国土资源主管部门党组 (党委) 决定。

2. 理顺国土资源行政管理体制

重点是调整市辖区和乡镇国土资源行政管理体制，强化国土资源的集中统一管理。一是市 (州、盟)、县 (市、旗) 国土资源主管部门仍是同级政府的工作部门，其机构编制仍由同级政府管理；地区国土资源主管部门的机构编制也仍由行署管理。二是市辖区国土资源主管部门改为国土管理分局，为市国土资源主管部门的派出机构，其机构编制上受到市政府管理。三是乡（镇）国土资源管理所的机构编制上受到县（市、旗）政府管理，县（市、旗）可以根据实际需要，按乡（镇）或跨乡镇按区域设置国土资源管理所，为县（市、旗）国土资源主管部门的派出机构。

3. 完善和强化行政管理职能

（1）进一步强化省级人民政府及其国土资源主管部门的执法监察责任。要求省级人民政府及其国土资源主管部门切实加强对省级以下各级人民政府及其国土资源主管部门执行和遵守国土资源管理法律法规情况的监督检查，对于地（市、州、盟）、县（市、旗）人民政府及其国土资源主管部门违反国土资源管理法律法规的行为要直接查处，对大案要案要公开曝光。

（2）加强执法队伍建设，建立健全制度。地方各级人民政府及其国土资源主管部门要切实加强执法监察队伍建设，提高执法监察人员素质。要认真落实国土资源执法监察报告备案、动态巡查等各项制度，特别要加强对耕地保护的动态巡查，发现违法行为要及时制止和纠正并予以报告，力争将破坏耕地、滥占耕地的行为控制在始发状态。

三、国土资源管理机构

目前，我国实行统一管理与分部门、分级别管理相结合的国土资源管理体制。根据宪法和有关国土资源法律的规定，我国与国土资源管理有关的机关及主要部门如下。

（一）国务院和地方各级人民政府

国务院是最高国家行政机关，统一领导国土资源主管部门和全国各级地方人民政府的工作，根据宪法和法律制定国土资源行政法规，编制和执行包括国土资源开发、利用与保护内容的国民经济和社会发展计划及国家预算。县级以上地方各级人民政府，依照法律规定的职责和权限管理本行政区域内的国土资源，领导所属各有关行政部门和下级人民政府的国土资源管理工作。

(二) 国务院和县级以上地方人民政府的国土资源主管部门

国务院国土资源主管部门，对全国国土资源实施统一管理。县级以上地方人民政府国土资源主管部门，对本辖区的国土资源实施统一管理。

国土资源部负责土地资源、矿产资源、海洋资源等自然资源的规划、管理、保护与合理利用。

第四节　地籍测绘在国土资源管理中的重要性

一、地籍测绘作用

在进行土地资源开发与利用、自然环境的管理以及工程项目的开发等都要使用地籍测绘所获得的土地信息。地籍测绘将会对我国的经济发展以及城镇化建设等事业有着重要的影响，在国土资源管理中有着重要的作用。

(一) 在房地产开发中的作用

在我国的经济发展过程中，房地产成为国民经济的重要支柱，直接关系到国计民生建设，而在房地产开发中必须有地籍测绘的结果来作为支撑。

对于地籍测绘来说，它是一项比较细致且比较复杂的数据信息工程。对于购房者来说，在购房时必然会对房价进行重点关注，而所支付的购房费用，不仅与单价有关，还与房屋的面积有着重要的关系，而房屋的面积测绘的准确性，将会直接影响到房屋的实际面积大小，一旦实际面积偏小，必然导致购房者的利益受到损失。在实际中，可以开展地籍测绘相关的工作，来对房屋面积进行准确的测量，然后房地产企业可以根据地籍测绘的结果来进行多退少补，这样一来对保证购房者的利益不受到损失有着重要的作用。

(二) 对招商引资的作用

对于地籍测绘来说，其涉及的信息量较大，在地籍测绘中，要对该地区的道路交通、建筑布局、人口分布、环境情况以及资源分布等进行测绘或记录，而这些信息对投资者有着重要的帮助，也是投资者是否愿意投资的重要依据。

(三) 对公共管理的作用

对于房地产开发来说，不仅只是房屋的交易，还会涉及基础设施建设、灾害赔偿以及环境保护等方面的工作。而地籍测绘所获取的信息都能够为这些工作提供较为详细且重要的依据。

二、在土地开发整理中的作用

在进行地籍测绘的时候，要使用一些先进的设备与仪器以及先进的测绘技术，来对土地的使用情况、面积大小、形状以及位置坐标等在图纸上进行科学的测绘，然后根据测绘的结果来绘制地籍图，这些信息为土地的开发与利用提供了较为科学且准确的数据。地籍测绘的前期工作主要是对人口的分布、基础设施的分别、道路交通状况以及赔偿损失等进行全面的测绘与评价，这些信息在研究工程项目是否具有可行性以及开发方案的制定等方面均有着重要的作用，同时对项目施工方案的制定、监督管理工作的展开以及相关数据的测量与控制有着重要的作用，此外，还为工程项目的验收提供重要的依据。

(一) 有利于实现土地资源的合理利用

土地资源的缺乏已成为制约城市发展的重要因素，在对土地资源进行利用的过程中，必须做到科学合理地用地，要坚决避免土地资源的过度开发与不科学的利用，要确保土地资源的开发与利用与当地的经济发展相适应。而地籍测绘便能够为土地开发与利用提供大量的数据依据，所以地籍测绘的真实性与准确性有利于对土地资源进行科学合理的使用。

(二) 有利于节约建设成本

对于土地的开发与建设来说，其土地的规划设计、施工方案设计等制定都与地籍测绘的结果有着很大关系，而土地规划设计与施工方案等有直接影响到项目的投入资金。在实际中开发者可以根据地籍测绘的结果来科学合理地制定资金的配置方案，因此对节约项目的建设成本有着重要的帮助。

(三)提供参考标准

可以通过地籍测绘来做好项目的验收工作，通过地籍测绘的相关结果作为验收的标准，这对保证工程的质量有着重要的作用。

三、加强地籍测绘的措施

首先，要对基础测绘的投入机制进行完善，要投入大量的人力、物力以及财力。其次，通过采用先进的测绘技术（如 GPS，GIS 等）来提高测绘的精确度与准确性。再次，对已有的土地资源数据库进行完善。同时，还要构建基础地理公共服务平台，做好信息的采集、更新与服务等工作。然后，还要加强对地籍测绘进行市场监督，主要涉及项目监督、成果监督、服务监督等。最后，要加强对组织领导与测绘队伍建设等。

第五节　国土资源管理测绘新技术的应用研究

目前，我国正处于改革发展的关键阶段，一大批国家重点建设项目正在有条不紊地进行，例如，南水北调工程、西气东输工程、西电东送工程等，这些大型基础设施建设项目无一例外涉及测绘新技术的应用。并且，测绘新技术的应用，还在一定程度上促进了我国国土资源执法制度的完善。

一、实现了工程测绘项目的技术革命

在传统测绘方法中，由于缺少精密的仪器设备，以及先进的测绘理论，依靠人工进行测绘存在较大误差，并且，对于如此庞大的数据进行计算，极易出现错误。以隧道建设为例，传统手段的测绘技术存在的误差在 10cm 以上，并且，为避免测绘数据的误差，通常采用单向掘进方式进行隧道建设，大大降低了隧道建设速度。在采用测绘新技术以后，借助准直仪、惯性测量设备、室内定位设备，可以将隧道定点误差控制在 1mm 以内，并且，基于如此高精度的测绘手段，隧道建设可以采用双向掘进方式，大大提高了隧道建设速度。在此过程中，如果测绘数据出现重大错误，不仅导致工程项目失

败，还会造成国土资源的浪费，甚至改变区域国土资源的功能属性，造成不可挽回的损失。

为更好地开展国土资源管理工作，研究人员在传统测绘技术的基础上进行了创新，结合自动化、智能化测绘设备的应用，为国土资源管理提供了精准的数据信息，配合计算机软件的使用，使国土资源管理效率得到明显提高。

二、完善了国土资源执法制度体系

在过去较长的一段时间里，国土资源测绘工作主要依靠人工测绘完成，由于测绘信息无法及时、准确地到达国土资源管理部门，以至于国土资源在遭到明显破坏以后才能被发现，国土资源管理在监管与执法方面存在严重滞后。

测绘新技术的使用实现了对国土资源的动态监控，通过卫星遥感技术加强对重点区域国土资源监管，建立国土资源数据库，利用计算机的强大处理能力，实时比对国土资源的变化情况。与此同时，国土资源管理系统可以实现对国土资源开发存在的地区进行预警，并将违法使用国土资源的行为进行自动上报，建立违法行为数据库，监督违法行为的处理工作，使土地执法制度得以完善，国土资源得到有效保护。

三、国土资源管理中"3S"技术的应用

在现代测绘技术领域，"3S"技术得到广泛应用，在我国城镇化建设过程中，"3S"技术的优势得到充分验证，基于我国较高的人口密度，城镇化建设的前提依然是保证国土资源的高效利用，"3S"技术为国土资源管理提供了大量数据支持，为我国在土地功能规划、建设做出了巨大贡献。目前，我国已经完成了第二次全国土地调查，相关测绘工作主要通过"3S"技术完成，此次国土资源调查工作规模之大、历时之短、效率之高、数据之精确，为我国后期国土资源管理工作的顺利开展打下了坚实的基础。

四、"3S"技术与宅基地测绘

为了更好地了解农村土地利用情况，国土资源管理部门会定期组织各地土地管理部门对农村宅基地进行测绘工作，并以此作为我国城镇一体化建

设的重要数据，因此，农村宅基地测绘应当实现无缝精准覆盖，而"3S"技术则刚好满足这一条件。

借助 GPS 定位技术，测绘人员可以将 GPS 接收机置于宅基地的不同测量点，将不同测量点的 GPS 信息录入计算机，就可以将被测宅基地的形状、面积、位置进行图形化显示。经过数字化处理后的宅基地信息，可以与以往信息进行对比，从而使国土资源部门更好地了解农村宅基地的变化情况，为城镇一体化建设提供准确的土地资源信息服务。

五、"3S"技术与农田保护

农业是我国第一产业，属于国民经济发展的基础产业，我国人均耕地占有量远低于世界平均水平，为满足人口日常生活的需要，对国土资源的有效利用能够有效解决这一问题。在国土资源管理工作中，对于农田性质的国土资源采取了严格的保护措施，测绘新技术在此过程中发挥了巨大作用。

为实现农田资源的保护，国土资源管理部门对我国现有农田分别进行编号，并根据编号进行逐一测绘，借助移动定位设备和便携式计算机，全国各地区国土资源管理部门对辖区内农田完成测绘，并将数据汇总至国土资源部，由国土资源部对国家农田资源进行统一管理。通过严格管理，国土资源部门明确农田性质不可更改，避免经济因素导致农田资源遭到破坏性开发，使城镇化建设朝着正确的方向发展。

六、实时了解国土资源利用情况

近年来，我国发射了多颗可用于国土资源管理的卫星，结合遥感技术与 GPS 技术，能够对全国范围内的国土资源进行实时测绘，并通过卫星通信系统进行回传。在终端计算机中，相关数据以数字化形式存在，根据地理信息系统提供的数据，可建立三维立体国土资源图像。

从实际使用来看，遥感技术能够实时掌握大面积国土资源变化情况，结合国土资源管理软件，能够对某一重点区域进行动态监控。然而，遥感技术却存在另一缺点，对于人为设置的地面假目标无法分辨，卫星所获取的图像和数据并不能真正反映国土资源的实际利用情况，为保证国土资源管理的有效性依然需要人的介入，对部分可疑区域进行人工测绘。

第二章　地籍管理

第一节　地籍与地籍管理

一、地籍的内涵

地籍，地指土地，籍有簿册、清册、登记之说。所以，地籍最简要的说法是土地登记册。如同设立户籍一样，为了掌握有关土地状况的资料，土地也必须建立地籍（包括地籍簿与地籍图）。

地籍所记载的内容往往会因建立地籍的目的不同而异。地籍最早是为征税而建立的一种田赋清册或簿册，其所记载的主要内容包括应纳课税所涉及的土地面积、土地质量等级及土地税额。随着社会经济和科学技术的发展，地籍的概念也有了很大变化，渐渐成为国家管理土地，取得有关土地资料，巩固土地制度、合理利用土地、制订经济计划等的重要依据。此外，现代地籍又从图册逐步向运用电子计算机技术建立地籍信息系统的方向发展。

由此，可以将地籍定义为：国家为了一定目的，记载土地的权属、位置、界址、数量、质量（等级）和用途（地类）等基本状况的图簿册及数据。

其内涵包括：

（1）由国家建立和管理。地籍管理的制度、内容和方法均由国家统一制定，实施统一管理。如地籍的簿册、图件的格式，填写内容，统一和登记的分类体系，统计和登记单位隶属系统、填报程序和日期，地籍分类系统和标准等，都必须按国家的统一规定进行。

（2）核心是土地权属。如多用途地籍是以土地权属为核心对土地诸要素隶属关系的综合表述，即针对国家的每一块土地及其附着物，并以土地权属为核心进行记载和建立地籍档案。

（3）以宗地为基础建立。一个区域的土地根据被占有、使用等原因而分割成具有边界的、空间上连续的许多块土地，这种被权属界线封闭的地块称为宗地。多用途地籍的内涵之一就是以土地的空间位置为依托，对每一宗地所具有的自然属性和社会经济属性进行准确的描述和记录，由此所得到的信息称为地籍信息。

（4）记载宗地状况的同时，记载宗地上附着物（建筑物、构筑物等）的状况。历史上最早的地籍只对土地进行描述和记载，并未涉及地面上的建筑物、构筑物，但随着社会和经济的发展，尤其产生了房地产交易市场后，由于房、地所具有的内在联系，多用途地籍必须同时对土地及附着在土地上的建筑物、构筑物进行描述和记载。

（5）土地基本信息的集合。土地基本的信息集合，简称地籍信息，包含地籍图集、地籍数据集、地籍簿册，它们之间通过特殊的标识符（关键字）连接成一个整体，这个标识符就是通常所说的宗地号（地号）。

多用途地籍可提供大量的信息和基础资料：包括文字型地籍资料（控制测量成果、地籍簿册、登记卡、地名集等），图形地籍资料（地籍图、规划图、影像图等）、人文资料（人口状况、教育状况、文化与公共设施等）、自然资源资料（能源、环境、水系、植被）和经济资料（工矿、市场、金融、商业）等。多用途地籍综合运用了信息工程、电子技术、光电技术、航空航天技术和计算机等高新技术和方法，并建立了地籍管理信息系统，为逐步实现地籍管理工作的现代化奠定了基础。

完善的地籍资料可为制定与完善土地政策、实施科学的土地管理、维护土地权益、促进土地相关经济活动的开展提供基础资料和科学依据。

二、地籍的特点及分类

（一）地籍的特点

地籍是土地的"户籍"，但由于土地本身的特殊性，使得其具有不同于户籍的特性。

1. 地籍的空间性

地籍的空间性是由土地的空间特点所决定的。土地的数量、质量都具有空间分布的特点。在一定的地域范围内，地界的变动，必然带来土地权属面积的增减。土地的存在和表述必须与其空间位置、界线相联系。所以，地籍的内容不仅记载在簿册上，还要标绘在图纸上，并力求做到图件与簿册资料一致。

2. 地籍的法律性

地籍的法律性体现了地籍图册资料的可靠性，如地籍图上的界址点、界址线的位置和地籍簿上的权属记载及其面积的登记等都应有法律依据，甚至有关法律凭证还是地籍的必要组成部分。

3. 地籍的精准性

地籍的初始和变更的资料一般要通过实地调查取得，同时要运用先进的测绘和计算机技术手段，才能保证地籍数据的准确性。

4. 地籍资料的连续性

社会生产发展和建设规模的扩大，以及土地权属信息的变更，都会使地籍数据失实。所以，地籍不是静态的，必须经常更新，保持资料的记载和数据统计的连续性，否则难以满足其现势性的要求。

(二) 地籍的分类

随着地籍使用范围的不断扩大，地籍的内涵更加宽广，类别的划分也更趋于合理。

1. 按地籍的功能分类，地籍可划分为税收地籍、产权地籍和多用途地籍

在一定社会生产方式下，地籍具有特定的对象、目的、作用和内容，但它不是一成不变的，大致经历了税收地籍—产权地籍—多用途地籍三个阶段。

税收地籍是各国早期建立的为课税服务的登记簿册，仅具有为税收服务的功能，它记载的主要内容包括纳税人姓名或者纳税单位、地块位置和面积以及确定税率所需的土地等级信息等。

产权地籍亦称法律地籍，是国家为维护土地合法权利、鼓励土地交易、防止土地投机和保护土地买卖双方的权益而建立的土地产权登记的簿册。凡经登记的土地，其产权证明具有法律效力。产权地籍最重要的任务是保护土地所有者、使用者的合法权益和防止土地投机。为此，产权地籍必须准确地反映宗地的界址线和界址点的位置，以及产权登记的面积等主要内容。

多用途地籍亦称现代地籍，是税收地籍和产权地籍的进一步发展，其

目的不仅是为课税或产权登记服务，更重要的是为土地利用、土地保护以及全面科学地管理土地提供必要信息服务。

2. 按建立的时序分类，地籍可划分为初始地籍和日常地籍

初始地籍是指在某一时期内，对县以上行政辖区内全部土地进行全面调查后，最初建立的簿册，而不是指历史上的第一本簿册。

日常地籍是针对土地数量、质量、权属及其分布和利用、使用情况的变化，以初始地籍为基础，进行修正、补充和更新的地籍。初始地籍和日常地籍是地籍不可分割的完整体系。初始地籍是基础，日常地籍是对初始地籍的补充、修正和更新。如果只有初始地籍而没有日常地籍，地籍将逐步陈旧，变为历史资料，失去现势性和使用价值。相反，如果没有初始地籍，日常地籍就没有依据、基础，也就不存在日常地籍了。

3. 按地域分类，地籍可以分为城镇地籍和农村地籍两种类型

城镇地籍的登记对象是城市和建制镇建成区的土地，以及独立于城镇以外的工矿企业、铁路、交通等用地。

农村地籍的登记对象是城镇郊区及农村集体所有土地、国有农场使用的国有土地和农村居民点用地等。

4. 按表现形式分类，地籍可以分为常规地籍和数字地籍

常规地籍。地籍最常规的形式就是地籍图和地籍册。以图、表、卡、册所表示的地籍称为常规地籍。

数字地籍。由于计算机的广泛使用，常规的图、表、卡、册都可以以数字形式存贮在存贮介质中。数字地籍适应多用途、大容量存贮地籍信息资料的需求，且容易更新，是现代地籍的发展方向。

(三) 地籍的研究内容

地籍的研究内容是指在地籍簿册的建立、变更和发展过程中，对地籍诸要素的确定和变化规律，即对土地产权、界址、数量、质量和用途的确定和变化规律的研究，其核心是土地权属调查和确认。

三、地籍管理的含义与内容

(一) 地籍管理的含义

地籍管理是指国家为建立地籍和研究土地的自然状况、权属状况和经济状况而采取的以地籍调查、土地登记、土地统计、土地分等定级和档案管理为主要内容的一系列工作措施的总称。简言之，地籍管理是地籍工作体系的总称。

土地自然状况主要指土地的位置、四至、形状、地貌、坡度、土壤、植被、面积大小等；土地的权属状况主要包括权属性质、权属来源、权属界址、权利状况等；土地的经济状况则主要指土地等级、评估地价、土地用途等。

地籍管理的内容体系，一方面取决于自己的研究对象——土地产权、界址、数量、质量和用途等基本要素的变化规律；另一方面也取决于社会生产力发展水平及与其相适应的生产关系的变革。

(二) 地籍管理的对象

地籍管理的对象和核心是土地的权属，包括土地所有权和使用权的确认和变更。通过地籍管理，为维护社会主义土地公有制，保护土地所有者和使用者的合法权益，调解和处理土地权属纠纷，制止侵占、买卖，或以其他形式非法转让土地的行为提供法律凭证。

(三) 地籍管理的内容

现阶段地籍工作的主要内容可以归纳为：土地调查、土地分等定级、土地登记、土地统计、地籍档案管理、地籍信息系统建设等。由于土地分等定级现行业务划归土地利用管理，本章不再赘述，详见第五章；地籍信息系统相关内容也已在第四章中阐述，因此本章介绍的地籍管理内容主要包括以下几个方面。

1.土地调查

土地调查是以查清土地的位置数量、等级、利用和权属状况为主要目的而进行的调查。通过调查获得有关土地数量、质量、利用和权属状况的准确资料，为编制国民经济计划和制定有关政策提供依据。根据调查内容的重点不同，土地调查主要可分为土地利用现状调查、地籍调查两种类型。

2. 土地登记

土地登记是国家用来确认土地所有权、使用权和他项权利，依法规定由土地权利人或变更当事人向国家主管机关提交登记申请书、产权证书等权源文件，经审核无误后将土地权利或权利变更事项记载于国家土地登记簿的法律过程。

3. 土地统计

土地统计是国家对土地的数量关系及其动态变化规律进行系统、全面、连续的调查、分类、整理和分析，是国家为了掌握土地数量、质量、分布和利用状况其动态变化规律而制定的一项制度。

4. 地籍档案管理

地籍档案管理是对地籍管理工作中直接形成的具有保存价值的历史记录，包括文件、图册、图像资料等，进行搜集、鉴定、整理、保管、统计、编码和提供利用等多项工作的总称。地籍档案是地籍管理各项工作成果的归宿，并为地籍管理各项工作提供参考依据，同时是向社会提供权威的地籍信息资料的窗口。

上述诸项工作有一定的独立性，但又是相互衔接和联系的，它们共同组成了地籍工作体系。

(四) 地籍管理的原则

1. 必须按照国家规定的统一法规制度实施

地籍管理必须按照国家有关地籍管理方面的统一法规制度进行。所谓统一，就是统一内容、统一政策、统一准则、统一规格。如土地统计表格，它的内容、格式，项目的含义，项目的填写都必须有统一的标准。

2. 保证地籍资料的可靠性和准确性

地籍资料涉及土地所有者、使用者的权属和利害冲突，如果提供了错误的资料会造成土地权利人的损失，同时作为政府所提供的资料，是以政府信誉担保，故政府要对此承担风险和责任。基于这些原因，保证地籍资料的可靠性和准确性是非常重要的。

3. 保证地籍资料的概括性和完整性

地籍资料完整性是指地籍管理涉及对象应该是其管辖区全部土地。省级、县级、县级以下地籍资料的覆盖面必须是省级、县级和县级以下乡镇、村范围的全部土地。地籍资料的概括性是指地籍资料内容包含所需的全部资料。

4. 保证地籍资料的系统性、连续性和现势性

地籍资料的系统性、连续性和现势性是指地籍的各种资料分门别类很有条理，各时期资料相互联系，无中断，且不断得到更新。只有保持地籍资料的系统性、连续性和现势性，地籍资料才能发挥其功能。

第二节　土地调查

一、土地调查的含义与内容

土地调查是指全面查清土地资源和利用状况，科学勘测土地位置、数量、质量、利用方式，权属状况及其空间分布等各项数据，掌握真实准确的土地基础数据的过程。土地调查是地籍管理的基础。

土地调查包含以下内容。

(一) 土地利用现状调查

土地利用现状调查是以县为单位，查清县域内村和农、林、牧、渔场，城镇居民点及其以外的独立工矿企事业单位土地权属界线和村以上各级行政界线，查清各种土地利用类型的面积、分布和利用状况，形成县域土地总面积及土地利用分类面积，再自下而上，逐级汇总为省级、全国的土地总面积及土地利用分类面积而进行的活动。

(二) 土地利用变更调查

土地变更调查是指县一级国土资源主管部门，在全国土地调查的基础上，对自然年度内本辖区的土地利用现状、权属变化以及各类用地管理信

息，进行调查、监测、核查、汇总、统计和分析等活动。

(三) 土地专项调查

土地专项调查是指根据国土资源管理需要，在特定范围、特定时间内对特定对象进行的专门调查，包括耕地后备资源调查、土地利用动态遥感监测和勘测定界等。土地专项调查由县级以上国土资源行政主管部门组织实施。

(四) 地籍调查

地籍调查是通过权属调查和地籍测量，以权属调查为核心，查清每一宗土地的位置，权属界线、数量、用途等基本状况，形成数据、图件、表册等调查资料，为土地注册登记、核发证书提供依据的一项技术性工作。

二、土地利用现状调查

(一) 调查目标和任务

土地利用现状调查的任务是分县查清全国土地利用分类面积，分布和利用状况，为制订国民经济计划和有关政策，进行农业区划、规划，因地制宜地指导农业生产，建立土地统计、登记制度，全面管理土地等各项工作服务。

(二) 土地利用现状调查的工作程序

土地利用现状调查工作可分为五大阶段：准备工作阶段、外业调绘阶段、内业工作阶段、土地利用现状数据库构建阶段、成果检查和验收阶段。具体可分为八大步骤：调查的准备工作、外业调绘、航片转绘、土地面积量算、编制土地利用现状图、编写土地利用现状调查报告及说明书、调查成果的检查验收、成果资料上交归档。

1. 准备工作阶段

准备工作包括思想上、组织上和物质上的准备，熟悉调查区域的基本情况，收集各种原始资料、准备图、表及测绘工具。撰写调查任务申请书，制定《技术方案》和《工作计划》。

2. 外业调绘阶段

外业调绘包括权属调查和地类调查两部分内容。权属调查是调查各级权属界线，地类调查则是查清块地的具体用途。

3. 内业工作阶段

内业工作包括航片转绘、面积量算与汇总、图件编制等内容。航片转绘是对航片高程误差和倾斜误差的纠正，其方法有图解转绘和仪器转绘两大类；面积量算与汇总是各类用地数量的获取，面积量算现在主要用解析法、图解法、求积仪、图形数字化法等多种方法，按"先控制后碎部"的原则进行量算，面积汇总则自下而上逐级进行。图件编制包括土地利用现状图的编制和土地权属界线图的编制两部分，土地利用现状图又包括1：1万分幅土地利用现状图和以行政界线为准的乡（镇）土地利用现状图。图件编制主要利用土地利用现状数据库资料，运用计算机辅助制图等技术，采用缩编等手段进行。根据土地调查及分析结果，编写土地利用现状调查报告。

4. 土地利用现状数据库构建阶段

按照国土资源信息化建设标准，以县（市、区）为单位组织开展土地利用现状数据库建设，对辖区内土地的地类名称、位置、界线、权属状况等数据进行建库管理，以满足县级日常变更等业务需要；在市级层面，以市（地、州）为单位，结合市级土地管理模式，整合辖区内各县级土地利用现状数据库，构建市级土地利用现状数据库，满足市级国土资源日常管理需求；在省级层面上，以省为单位组织，对市县级土地利用现状数据库全面整合，建立省级土地利用现状数据库，以满足省级国土资源管理对土地基础数据的需求；在中央层面上，则是借助现有的网络系统，由国家组织建立国家级土地利用现状数据库，提供对各级土地数据到地块的查询检索、统计汇总、分析输出，及时调用和定期备案等功能。另外，各级数据库之间需提供访问和调用接口，以满足数据上传、接收、交换、备份、更新维护、日常应用等工作需要。

5. 成果检查和验收阶段

成果检查内容包括：外业调绘和补测地物一般需检查辖区内总地物数的10%，最少为5%。重点检查各种权属界限、地类界限及符号、现状地物、新增地物补测、航片接边等内容，还有内业成果、数据库建设等，凡按规程调查，作业成果达到规定要求的，即为合格。

（三）调查主要成果

土地调查具体成果主要包括：数据成果、图件成果、相关文字成果和土地数据库成果等。其中数据成果包括：各级行政区各类土地面积数据；各级行政区基本农田面积数据；不同坡度等级的耕地面积数据；各级行政区城镇土地利用分类面积数据；各级行政区各类土地的权属信息数据。图件成果包括：各级土地利用现状图件；各级基本农田分布图件；土地权属界线图件等。数据库成果包括：各级土地利用现状数据库；各级土地权属数据库；各级多源、多分辨率遥感影像数据库；各级基本农田数据库；市（县）级城镇地籍信息系统。

三、土地变更调查

（一）调查目标

土地变更调查工作的目的是掌握全国年度土地利用现状变化情况，形成数字化、精确化、网络化、时空化、数据权属等一体化土地资源信息网络平台，保持全国土地调查数据和国土资源综合监管平台基础信息的准确性和现势性，满足土地资源现代化管理和社会经济发展的需要。依法公布的土地变更调查成果，是实施国土资源规划、管理、保护与合理利用的依据，是编制和修编土地利用总体规划，制订国土整治规划、国土空间规划、国民经济和社会发展规划、其他专项规划及有关土地政策的基础资料，是划定永久基本农田，检查各地耕地总量动态平衡和耕地占补平衡的重要依据，使土地成为国家宏观经济、资源环境和谐发展的指示信号和评价指标，在国家宏观决策中发挥日渐重要的作用。

（二）调查的基本要求和主要任务

1. 调查的基本要求

土地变更调查以县级行政辖区为基本调查单位，采用《土地利用现状分类》为基础，对其中的商服用地（05）、工矿仓储用地（06）、住宅用地（07）、公共管理与公共服务用地（08）、特殊用地（09）一级类和街巷用地（103）、空闲地（121）二级类归并为城市（201）、建制镇（202）、村庄（203）、采矿用地（204）、风景名胜及特殊用地（205）。年度土地变更调查时段为每年的1月1日至12月31日，土地变更调查时点为每年的12月31日。变更调查图件比例尺原则上与二次调查一致，与农村土地调查确定的调查比例尺一致（以1∶10000的比例尺为主，部分地区采用1∶50000的比例尺），有条件地区可采用更大比例尺。平面采用"1980西安坐标系"，高程采用"1985国家高程基准"；标准分幅图采用高斯-克吕格投影，1∶2000的标准分幅图或数据按1.5°分带（可任意选择中央子午线），1∶5000、1∶10000的标准分幅图或数据按3°分带，1∶50000的标准分幅图或数据按6°分带。长度、宽度采用米（m）为计量单位，精确到0.1米；面积采用平方米（m²）为计量单位，精确到0.01平方米；面积采用公顷（ha）为计量单位，精确到0.01公顷。

2. 调查的主要任务

（1）开展遥感监测。国家组织采集当年覆盖全国的最新遥感影像数据，经纠正、配准和融合等处理后，制作分县（市、区）土地利用遥感正射影像图，对照前一年度遥感影像底图和土地调查数据库，提取本年度地类发生变化的遥感影像图斑，并追踪核实以往年度变更调查中相关图斑情况（包括卫片执法检查结果、临时用地等），制作分县（市、区）的当年遥感监测成果。

（2）查清各类土地利用现状变更情况。以实地土地利用现状地类为基础，结合年度遥感监测成果，查清每一地类发生变化的地块范围、权属和面积等实际情况，各级行政区域调查界线位置和走向的变化情况，以及各权属单位的权属性质及其界线的变化情况。根据年度土地整治项目等补充耕地范围界线，逐地块实地核实耕地变化情况，将土地利用现状调查结果、设施农用地、临时用地进行标注；结合遥感影像，实地调查农民自主开发和农业结构调整等新增耕地情况，并依据土地整治项目验收资料，对项目区范围内本年及往年增加耕地的相关信息进行分类标注；这些调查标注结果及农用地变成未利用地图斑的证明材料，经市、省两级审核通过后报国土资源部。

（3）查清基本农田情况。依据合法有效的基本农田划区定界（或依法占用、调整等）资料，调整数据库中基本农田图斑的位置和范围，更新基本农田数据层，汇总形成基本农田面积汇总表。

（4）变更调查成果核查。国家对各县（市、区）的土地变更调查成果进行内业核查和外业核查，查清遥感监测图斑是否已变更，新增建设用地图斑对应卫星影像图上是否已建设等内容。对遥感监测图斑变更为设施农用地和临时用地的，要检查其变更范围是否正确，并整理相关批准资料开展进一步审查；对于年度内实地地类未发生变化或仅有推填土的遥感监测图斑，地方需要提供证明材料，并检查其真实性。最后以省为单位进行汇总、统计和分析，并将核查情况反馈省级国土资源主管部门。

（5）审查和标注用地管理信息。国家组织各省相关职能部门对地方提交的设施农用地、临时用地的批准文件进行审核，审核通过的临时用地以独立图层保存，以后年度遥感监测中进行跟踪监测。国家利用综合监管平台，将用地管理信息与土地利用现状变更结果套合，分类标注新增建设用地信息，并将分类标注结果反馈给各地，作为变更调查管理信息控制数，对地方新增耕地标注结果进行核实确认。地方根据用地管理信息标注结果，在更新数据包中的新增建设用地图斑上补充标注建设用地管理信息；在新增耕地图斑上修改标注耕地管理信息，依据"批而未用"界线在数据库中生成"批而未用"图斑，形成年度变更调查最终成果更新包，经数据库质量检查通过后上报。

（6）数据汇总统计与分析。以县（市、区）为单位，汇总本年度每块土地的利用变化情况，逐级更新各级土地调查数据库。实施县级自查、市级复查、省级验收的三级质量检查验收制度。全面分析土地利用变化情况，编写各级年度土地利用变化情况分析报告。

（三）调查的工作程序

1. 准备工作

土地变更调查前需要准备好当年遥感影像监测成果，制定土地变更调查工作方案，对参加土地变更调查人员进行技术培训，搜集境界、用地管理信息审查等资料。

土地利用变更调查必须以国家确认的上一年度土地调查数据库为基础，不得随意更改。如县级行政区域界线发生调整的，由省国土资源主管部门统一将调整后的控制界线、控制面积、涉及界线调整的县级土地调查数据库和相关说明材料，于12月15日前报部备案。遥感影像监测成果由国土资源部分发给各县(市、区),辅助开展年度土地变更调查。

省级国土资源主管部门结合实际情况,按照国家统一方案和要求,编制本地区实施方案。并根据年度国土资源管理的具体需求,制定土地利用变更调查工作方案。主要内容包括:调查内容、技术方法、组织实施、时间安排、质量控制、主要成果、数据分析等。

人员培训包括对参加土地变更调查人员进行技术培训,统一土地变更调查的方法、要求和程序等。包括变更调查方法的培训、质量检查的培训、数据库更新的培训等。

资料准备。

(1)界线资料准备。界线资料包括国界线、大陆沿海(包括海岛沿海)零米线、行政区域界线、权属界线的变化资料。

(2)土地利用动态遥感监测成果准备包括遥感正射影像图、新增建设用地监测成果。

(3)用地管理信息审查资料,包括年度新增建设用地计划,新增建设用地审批;设施农用地审批,临时用地审批;土地整治新增耕地,农业结构调整、生态退耕、生态移民、灾毁耕地;农用地变为未利用地、地类之间大面积的变化,国有土地与集体土地之间变化、土地违法查处等资料、相关部门证明材料(文件)、说明、照片等;基本农田调整、补划的文件、图件、说明等。

(4)上一年度土地调查数据库。

(5)各种表格,根据需要准备相应记录表格。

仪器、工具和设备准备。包括 GPS 接收机、全站仪、钢(皮)尺、计算机及软件系统,以及交通工具等。

2. 土地变更调查地图制作

各县(市、区)参照本地区新增建设用地计划、新增建设用地审批、设施农用地审批、临时用地审批、土地整治新增耕地、基本农田划定与调整、土地违法查处等各类涉及土地利用现状变化的资料,在遥感监测成果和上年度土地调查数据库等成果的基础上,制作土地变更调查外业底图,并填写土地变更调查记录表。

3.年度土地变更调查

地籍业务部门负责组织对本辖区范围内当期每一变化地块进行实地调查核实，依据《土地利用现状分类》及国家土地变更调查技术规范和要求，查清土地地类实际变化情况，并如实填写土地变更调查记录表。主要以GPS-PDA技术为主体，外业采集图斑边界信息和属性信息，通过全数字化作业，形成变更图斑成果。

4.基本农田情况调查

依据合法有效的基本农田划区定界（或依法占用、调整等）资料，调整数据库中基本农田图斑的位置和范围，更新形成基本农田数据层，汇总形成基本农田面积汇总表。

5.数据库更新及成果核查

外业调查核实确定的变化信息，对调查结果进行汇总整理，采用增量更新的方式，更新县级土地调查数据库，实现对县级土地调查数据库的变更、上报与更新，编写分析报告并逐级上报。

6.成果核查与归档

包括省、国家对各地上报的调查成果进行全面核查，并更新省级、国家级数据库，汇总全国年度土地利用现状及变化数据，编写省级、国家级土地利用变化情况分析报告。对调查过程中形成的图、表等资料成果，按照档案管理要求进行整理归档。

（四）调查主要成果

1.县级调查成果

（1）遥感监测成果，包括县级遥感正射影像图和县级新增建设用地遥感监测图斑。

（2）外业调查成果，包括外业调查图件、坐标表等其他地物补测资料。

（3）数据库成果，包括更新后的土地调查数据库和土地调查数据库更新数据包。

（4）各类统计汇总表，包括《遥感监测图斑信息记录表（土地变更调查记录表）土地变更一览表》、变更调查各类面积统计汇总表。

（5）文字成果，《土地利用变化情况分析报告》。

2.地(市)级、省级、国家级成果

(1)数据库成果，包括地(市)级、省级更新后的土地调查数据和土地调查数据库更新数据包；国家级更新后的土地调查数据库。

(2)变更调查各类面积统计汇总表。

(3)文字成果市、省、国家级《土地利用变化情况分析报告》。

四、地籍调查

地籍调查是土地登记的法定程序，是土地登记的基础工作，其资料成果经土地登记后，具有法律效力。为保证城镇(包括村庄)地籍调查工作规范、有序，符合土地登记的要求，国土资源部发布了《地籍调查规程》，2012年9月1日起实施。

地籍调查的单元是宗地。它是被权属界址线所封闭的地块。一个地块由几个土地使用者共同使用而又难以划清权属界线的也称为一宗地。

(一)地籍调查的内容

地籍调查包括权属调查和地籍测量两项内容。

1.权属调查

权属调查主要是指对宗地权属状态及其权利所及范围的确认，包括查清土地权属状况和界址，绘制宗地草图，填写地籍调查表，签订土地权属界线协议书或填写土地权属争议原由书等。

2.地籍测量

地籍测量是在权属调查基础上，运用测绘科学技术手段，进行地籍控制测量、界址点测量、地籍图测绘、面积量算等过程。地籍调查为土地登记，核发证书提供依据，为地籍管理服务。

地籍调查根据调查特点不同可分为地籍总调查和日常地籍调查；根据调查对象不同，分为农村地籍调查和城镇地籍调查，农村地籍调查又分为村庄地籍调查和农用地地籍调查。农村地籍调查除村庄宅基地外，现阶段都是在土地利用现状调查的基础上进行的，而城镇地籍调查主要是针对城市、建制镇及独立工矿用地的调查，目前是在《城镇地籍调查规程》的指导下进行的，农村宅基地地籍调查也基本上参照城镇地籍调查规程的做法。城镇土地分类以用途为主要依据，全国城镇土地分为10个一级类，24个二级类，以两位数编号，十位数表示其一级分类，个位数表示其二级分类。

(二) 地籍总调查

地籍总调查工作可分为五个阶段。

1. 准备工作

(1) 组织准备：地籍总调查由县级以上地方人民政府组织。县级以上地方人民政府应成立专门的领导小组，领导小组负责组织制订工作计划，编制技术设计书，负责地籍总调查的宣传、培训和试点工作。

(2) 资料准备：包括土地权属来源资料、测绘资料、土地调查和土地规划资料及其他资料。

(3) 工具与表册准备。

(4) 划分地籍区、地籍子区，宗地，在县级行政辖区内依次划分地籍区和地籍子区。在地籍子区内，划分国有土地使用权宗地和集体土地所有权宗地；在集体土地所有权宗地内，划分集体建设用地使用权宗地、宅基地使用权宗地；两个或两个以上农民集体共同所有的地块，且土地所有权界线难以划清的，应设为共有宗；两个或两个以上权利人共同使用的地块，且土地使用权界线难以划清的，应设为共用宗；土地权属有争议的地块可设为一宗地；公共广场、停车场、市政道路、公共绿地、市政设施用地、城市 (镇、村) 内部公用地、空闲地等可单独设立宗地。

2. 土地权属调查

(1) 工作底图的选择与制作。

(2) 预编宗地代码：宗地代码采用五层19位层次码结构，按层次分别表示县级行政区划、地籍区、地籍子区、土地权属类型、宗地顺序号。根据土地登记申请书及土地权属来源证明材料，将每一宗地标绘到工作底图上，在地籍子区范围内，从西到东、从北到南，统一预编宗地代码，并填写到地籍调查表及土地登记申请书上。

(3) 土地权属状况调查：包括土地权利主体、土地权属性质及来源、土地权利客体，以及土地的共有共用、抵押权、地役权等情况。

(4) 界址调查 (核心)：包括指界、界址点和界标设置，界址边长丈量、宗地草图绘制、填写地籍调查表等内容。要求现场记录宗地位置、界址点、界址线和相邻宗地关系，并在宗地草图标明；本宗地号、坐落地址、权利人；宗地界址点、界址点号及界址线，宗地内的主要地物；相邻宗地号、坐落地址、权利人或相邻地物；界址边长、界址点与邻近地物的距离；确定宗地界址点位置、界址边方位所必需的建筑物或构筑物；丈量者、丈量日期、检查者、检查日期、概略比例尺、指北针等内容。

3. 地籍测量

（1）坐标系：宜采用 1980 西安坐标系，1954 年北京坐标系、2000 国家大地坐标系、地方坐标系或独立坐标系等应与 1980 西安坐标系联测或建立转换关系；采用"1985 国家高程基准"；当长度变形值不大于 2.5cm/km 时，选用高斯 3° 带平面直角坐标系统；当长度变形值大于 2.5cm/km 时，应根据具体情况可依次选择：有抵偿高程面的高斯 3° 带平面直角坐标系统、高斯 - 克吕格投影任意带平面直角坐标系统、有抵偿高程面的高斯任意带平面直角坐标系统。

（2）地籍控制测量：地籍控制网分为地籍首级控制网和地籍图根控制网，各等级控制网的布设应遵循"从整体到局部、分级布网"的原则。

（3）界址点测量：可采用解析法或图解法，图解界址点坐标不能用于放样确定实地界址点的精确位置。

（4）地籍图测绘：按特定的投影方法、比例关系，采用专用符号，突出表示地籍要素；目前集体土地所有权调查的基本比例尺为 1∶10000，土地使用权调查的基本比例尺为 1∶500；地籍图的主要内容有行政区划要素、地籍要素、地形要素、数学要素、图廓要素；地籍图可采用全野外数字测图、数字摄影测量成图和编绘成图的测绘方法；宗地图编制，内容包括宗地所在图幅号、宗地代码；宗地权利人名称、面积及地类号；本宗地界址点、界址点号、界址线、界址边长；宗地内的图斑界线，建筑物、构筑物及宗地外紧靠界址点线的附着物；邻宗地的宗地号及相邻宗地间的界址分隔线；相邻宗地权利人，道路、街巷名称；指北方向和比例尺；宗地图的制图者、制图日期，审核者、审核日期等。

（5）面积量算：几何要素法和坐标法，量算水平投影面积量算或椭球面面积。量算面积项目：县级、乡镇级行政区面积、行政村面积、地籍区面积、地籍子区面积、宗地面积、地类图斑面积、建筑占地面积和建筑面积等。

4. 检查验收

地籍总调查成果实行三级检查、一级验收的"三检一验"制度。"三检一验"制度；作业员自检—作业队（组）互检—作业单位专检—国土部门验收。检查验收的内容包括土地权属调查、地籍控制测量、界址测量与地籍图测绘。

5. 成果资料整理与归档

地籍调查成果按介质可分为纸质等实物资料和电子数据，按类型可分为文字、图件、簿册和数据等。国土资源主管部门应建立地籍调查档案管理制度，地籍调查成果应在调查工作结束后按照统一的规格、要求进行整理，立卷、组卷、编目、归档。

（三）日常地籍调查

1. 准备工作

包括资料准备和技术准备。与总调查不同的是日常地籍调查还需要准备：

（1）地籍调查资料协助查询单；

（2）档案资料、数据的分析与整理；

（3）计算测量放样数据。

2. 日常土地权属调查

应核实指界人的身份，对照权属来源资料和档案资料、数据，现场核实权属状况。对界址线有争议、界标发生变化和新设界标等情况，应现场记录并拍摄照片；界址未发生变化，但土地权属类型发生变化，宗地代码仍需重新编制。新设宗地、界址发生变化的宗地，原宗地代码不再使用。新增界址点点号，在地籍子区内的最大界址点号后续编。

3. 日常地籍测量

（1）对原界址点进行检查。

（2）对新设界址点，按照界址点测量的规定进行界址测量；对界址发生变化的，经现场指界后，按照规定进行界址测量。

（3）对宗地进行分割或界址调整的，可根据给定的分割或调整几何参数，计算界址点放样元素，实地放样测量设新界址点的位置并埋设界标；也可在权利人的同意下，预先设置界标，然后测量界标的坐标。

（4）采用高精度代替低精度的原则，进行宗地面积计算。

（5）日常地籍测量报告的编制：包括宗地概况、测量技术依据、控制点坐标来源及坐标与高程系统、界址放样（检测）坐标来源和放样参数计算、外业测量、附表、宗地图和现场照片。

4.成果资料检查整理归档

由地籍数据的维护和管理单位进行，对成果资料检查整理归档。具体工作是：按照检查验收的规定，对纸质或电子的日常地籍调查成果进行检查，检查认定成果资料正确的，更新地籍数据库—整理调查资料并归档—用于土地登记等相关工作；检查认定成果资料不符要求的，责成任务承担单位检查修正成果资料，直到符合要求为止。

（四）地籍数据库和信息系统建设

1.总体要求

地籍总调查结束后，应将成果资料按照地籍数据库建设的要求入库，并建设地籍信息系统。日常地籍调查后，应对地籍数据库进行更新，维护升级地籍信息系统。

2.地籍数据库建设

地籍数据具有空间性、时态性、相关性、多源性、复杂性等特征。

（1）地籍数据库包括地籍区、地籍子区、土地权属、土地利用、基础地理等数据。

（2）主要工作内容：准备工作、资料预处理、数据库结构设计、数据采集和编辑处理、数据建库、质量控制、成果输出、文字报告编写、检查验收、成果归档、数据库更新与应用、数据库运行与管理等。

3.地籍信息系统建设

地籍信息系统建设是土地信息系统的子系统，是以计算机技术为基础，以地理信息系统为依托，融合数据库管理技术，办公自动化技术和管理信息系统技术为一体的、高度集成化的信息系统。

地籍信息系统应按实用性、稳定性、易操作性、安全性、先进性与开放性建设原则进行建设。

地籍信息系统应具有数据采集与交换、坐标转换与投影变换、数据编辑处理与检查、土地登记工作流管理、查询统计、空间分析、元数据管理、系统维护与升级等主要功能。

第三节 土地权属管理

一、土地确权的内涵和方式

(一)内涵

土地确权是指依法确定土地权利的主体、客体和内容，是根据申请者的申请书，权属证明材料和地籍调查成果，对土地所有者、使用者和他项权利拥有者所申请登记的土地权利进行认定的过程。

土地确权可从广义和狭义两个方面来理解：狭义的土地确权，仅指依法确定土地权利的归属，即确定土地所有权、建设用地使用权、宅基地使用权等土地权利归谁所有；广义的土地确权，不仅包含依法确定土地所有权、建设用地使用权、宅基地使用权等土地权利的主体，而且包含确定土地权利的客体和内容。由于具体的土地权利总是主体、客体和内容三者的统一，所以，土地确权更多采用广义上的概念。

土地确权是一项政府行为，一般情况下确权工作由当地政府授权的土地管理部门主持，土地权属主（或授权指界人）、相邻土地权属主（或授权指界人）、地籍调查员和其他必要人员都必须到现场。土地确权结果具有法定性和权威性。

(二)方式

1. 文件确认

它是根据权属主所出示并被现行法律所认可的权源文件来确定土地使用权或所有权的归属，是一种较规范的土地权属认定手段，城市土地使用权的确认大多用此方法。权源文件主要有：批准书、转让文书、继承文书、组建批文、撤并文件、土地使用证、集体土地所有证及联营协议书等。审查上述文件时应注意这些文件是否与现行的法律规定相悖。

2. 指界确认

指界确认是基于双方共同认定土地边界来确认土地所有权或使用权界线和归属。在确认集体土地所有权界线时,这是一种常用的方法。在相邻双方均不能出示被现行法律法规认可的权源文件的前提下,使用该方法确权的基本程序如下。

(1) 共同指界。一般采取双方法定代表人(委托代理人)共同到实地共同指界,确认权属界线。

(2) 签订《土地权属界线协议书》。

通过双方指界不能将没有法律依据的国有土地,如森林、山岭、草地、荒地、滩涂、水流等划为集体土地。集体土地与没有明确使用者的国有土地权属界线,由集体土地指界人指界、签字,根据有关法规和实地调查结果予以确认。违约缺席指界的,如一方违约缺席,依据另一方所指界线确定;如双方违约缺席,根据权源材料和实际使用状况确定界线;指界人认定界址后不签字的,按违约处理。调查结果以书面形式送达违约方。违约方在15日内未提出异议或未提出重新指界的,按调查结果认定权属界线。

3. 协商确认

当两个权属单元之间的界址线不清或有争议,而双方权源文件不详或认识不一致时,本着团结、互谅的精神,在主管部门人员和地籍调查员到场的情况下,采用权属双方或多方协商一致的原则进行认定。

4. 仲裁确认

在有争议而无法达成协议的情况下,双方都能出示文件而惯用的边界又互不承认,由主管部门约定时间、地点,在各方都到场时,地籍管理部门依照有关规定,充分听取权属各方的申述,实事求是、合理地进行划分界线裁决。不服从裁决者,在规定的时限内可以向法院申诉,并以法律程序解决。逾期不提出申诉的,则认定为裁决生效。

二、土地确权的内容和方法

(一) 土地所有权的确认

国有土地所有权，主要是依据国家在各个时期制定的一系列法律，法令、条例、政策等规定，通过没收、征用，收归国有等法律手段而形成的；集体土地所有权的形成则经历了土改，变封建土地所有制为个体农民土地所有制，再经合作化、公社化，从个体农民土地所有制到合作集体所有制再到社会主义群众集体所有制的过程。

集体所有的土地，由县级人民政府登记造册、核发证书、确认所有权；而国有土地一般只需确认使用权。

1. 国有土地所有权的确认

根据《土地管理法》《土地管理法实施条例》和有关法规，下列土地应确认为国家所有。

(1) 城市市区的土地属国家所有。

(2) 农村和城市郊区中已经依法没收、征收、征购为国有的土地属国家所有。

(3) 国家依法征用的土地属国家所有。

(4) 依法不属于集体所有的林地、草地、荒地、滩涂及其他土地属国家所有。

(5) 农村集体经济组织全部成员转为城镇居民的，原属于其居民集体所有的土地属国家所有。

(6) 因国家组织移民、自然灾害等原因，农民地集体迁移后不再使用的原属于迁移农民集体所有的土地属国家所有。

(7) 依据1950年《中华人民共和国土地改革法》及有关规定，凡当时没有将土地所有权分配给农民的土地；实施1962年《农村人民公社工作条例修正草案》(以下简称《六十条》)未划入农民集体范围内的土地属国家所有。

(8) 开发利用国家土地，开发利用者仅依法享有土地使用权，土地所有权仍归国家。

(9) 国有铁路线路、车站、货场用地以及依法留用的其他铁路用地属国家所有。

（10）县级以上（含县级）公路线路用地属国家所有。

（11）国有电力、通信设施用地属国家所有。

（12）军队接收的敌伪地产及新中国成立后经人民政府批准征用，划拨的军事用地属国家所有。

（13）河道、堤防内的土地和堤防外的护堤地、无堤防河道历史最高洪水位或者设计洪水位以下的土地，除土改时将所有权分配给农民，国家未征用，且迄今仍归农民集体使用的外，属于国家所有。

（14）县级以上（含县级）水利部门直接管理的水库、渠道等水利工程用地属国家所有。

（15）全民所有制单位和城镇集体所有制单位兼并农民集体企业的，办理有关手续后，被兼并的原农民集体企业使用的集体所有土地；乡（镇）企业依照国家建设征用土地的审批程序和补偿标准使用的非本乡（镇）村农民集体所有的土地属国家所有。

（16）1962年9月《六十条》公布以前，全民所有制单位、城市集体所有制单位和集体所有制单位的华侨农场使用的原农民集体所有的土地（含合作化之前的个人土地），迄今没有退给农民集体的土地属国家所有。

（17）《六十条》公布时起至1982年5月《国家建设征用土地条例》公布时止，全民所有制单位、城市集体所有制单位使用的原农民集体所有的土地，具有下列情形之一的，属于国家所有：①签订过土地转移等有关协议的；②经县级以上人民政府批准使用的；③进行了一定补偿或安置劳动力的；④接受农民集体馈赠的；⑤已购买原集体所有的建筑物的；⑥农民集体所有制企事业单位转为全民所有制或城市集体所有制单位的。

（18）1982年5月《国家建设征用土地条例》公布时起至1987年《土地管理法》开始施行时止，全民所有制单位，城市集体所有制单位违反规定使用的农民集体土地，依照有关规定进行了清查处理后仍由全民所有制单位、城市集体所有制单位使用的土地属国家所有。

（19）1986年3月中共中央，国务院《关于加强土地管理，制止乱占耕地的通知》发布之前，全民所有制单位、城市集体所有制单位租用农民集体所有的土地，按有关规定处理后，已建成永久性建筑物的，由用地单位按租用时的规定，补办手续，土地归国家所有。

（20）土地所有权争议，不能依法证明争议土地属农民集体所有的，属国家所有。

2. 集体土地所有权的确认

（1）农村和城市郊区的土地，除由法律规定属于国家所有以外，属于农民集体所有；宅基地和自留地、自留山，属于农民集体所有。

农民集体所有的土地依法属于村农民集体所有的，由村集体经济组织或者村民委员会经营、管理；已经分别属于村内两个以上农村集体经济组织的农民集体所有的，由村内农村集体经济组织或者村民小组经营、管理；已经属于乡（镇）农民集体所有的，由乡（镇）农村集体经济组织经营、管理。

农民集体应具备三个条件：第一，必须有一定的组织形式、组织机构。如集体经济组织或者村民委员会和村民小组。第二，应当具有民事主体资格，就是说这个集体组织是被法律承认的，能够依照法律享受权利和承担义务。第三，集体成员应为长期生活于集体内的农业户口村民。

1）村农民集体土地所有权。村农民集体土地所有权属于全村农民所有，集体经济组织或者村民委员会等只能作为集体土地的经营和管理者。农民集体经济组织的法人机关或者法定代表人，即为集体土地所有者的法定代表。

2）乡（镇）农民集体土地所有权。乡（镇）农民集体所有的土地属于全乡（镇）农民集体所有，一般由乡（镇）办企事业单位，或由乡内村农民集体或个人经营管理。

乡（镇）农民集体经济组织的法人机关，代表全乡（镇）农民的意志，对乡（镇）农民集体所有的土地行使所有权。这个法人机关应该具备两个条件：第一，生产和经营活动代表乡（镇）农民的利益；第二，能够依法对乡（镇）农民集体所有的财产包括土地行使处分权。在没有相应的农民集体经济组织出现之前，一般由乡（镇）人民政府代行使乡（镇）农民集体的土地所有权及其他财产权。

3）村内存在两个以上农村集体经济组织的土地所有权。行政村内两个以上各自独立的农村集体经济组织，一般是对应于过去的生产队。

农村体制改革实行大包干以后，大部分生产队已经解体，一些地区相应建起了村民小组。农村经济组织是否具有集体土地所有权的主体特征，可以从两个方面来考察，一是各个农村经济组织之间是否仍然明确保持着过去生产队时期的土地权属界线；二是这些农村经济组织对自己认定的界线内的土地是否享有法律规定的占有、使用、收益、处分的权利。

农民集体土地所有权是一种特定的权利，它的产生和行使都是根据法律、法规进行的，受到法律、法规的严格约束，集体土地所有者不能因为拥有土地所有权而超越土地管理法律、法规的限制随意使用和处置土地。

(2) 土地改革时分给农民并颁发了土地所有证的土地；实施《六十条》时确定为集体所有的土地，属农民集体所有。

(3) 土改时已分配给农民所有的原铁路用地和新建铁路两侧未经征用的农民集体所有土地属农民集体所有。

(4) 公路两侧保护用地和公路其他用地凡未经征用的农民集体所有的土地属农民集体所有。

(5) 国家电力通信杆塔占用农民集体所有的土地，未办征用手续的属农民集体所有。

(6) 河道堤防内的土地和堤防外的护堤地，无堤防河道历史最高洪水位或者设计洪水位以下土地，土改时已将所有权分配给农民，国家未征用，且迄今仍旧由农民集体使用的属农民集体所有。

(7) 县级以上（含县级）水利工程管理和保护范围内未经征用的农民集体土地属农民集体所有。

(8) 国家建设对农民集体全部进行移民安置并调剂土地后，原集体仍继续使用的集体所有土地，国家未进行征用的属农民集体所有。

(9) 1986年3月中共中央、国务院《关于加强土地管理，制止乱占耕地的通知》发布前，全民所有制单位、城市集体所有制单位租用农民集体所有的土地，按有关规定处理后，能恢复耕种的，退还农民集体耕种，所有权属农民集体。

(10) 村农民集体所有的土地，按目前该村农民集体实际使用的本集体土地所有权界线确定所有权。按《六十条》所确定的农民集体土地所有权，如果由于以下原因发生了变更，按变更后的现状确定所有权。这些原因包括：

1）由于村、队、社、场合并或分割等管理体制的变化引起土地所有权变更。

2）由于土地开发、国家征地、集体兴办企事业或者自然灾害等原因进行过土地调整的。

3）由于农田基本建设和行政区划变动等原因重新划定土地所有权界线的。行政区划变动未涉及土地权属变更的，原土地权属不变。

（11）农民集体连续使用其他农民集体所有土地已满20年的，视为现使用者所有；连续使用不满20年或虽满20年但在20年期满前所有者曾向现使用者或有关部门提出归还的，由县级以上人民政府根据具体情况确定土地所有权归属。

（12）乡（镇）或村在集体所有的土地上修建并管理的道路、水利设施用地，属乡（镇）或村农民集体所有。

（13）乡（镇）或村办企事业单位使用的集体土地，《六十条》公布以前使用的，属于该乡（镇）或村农民集体所有；《六十条》公布时起至1982年国务院《村镇建房用地管理条例》发布时止使用的，若有以下情况之一，则分别属于该乡（镇）或村农民集体所有，这些情况是：

1）签订过用地协议的（不含租借）。

2）经县、乡（公社）、村（大队）批准或同意，并进行了适当的土地调整或经过一定补偿的。

3）通过购买房屋取得的。

4）原集体企事业单位体制经批准变更的。1982年国务院《村镇建房用地管理条例》发布时起至1987年《土地管理法》开始施行时止，乡（镇）、村办企事业单位违反规定使用的集体土地按照有关规定清查处理后，乡（镇）、村集体单位继续使用的，可确定为该乡（镇）或村集体所有。乡（镇）、村办企事业单位采取上述方式以外的其他方式占用集体土地，或虽采取上述方式，但目前土地利用不合理，例如荒废、闲置等，则应将其全部或部分土地退还原村或乡农民集体，或按有关规定处理。1987年《土地管理法》施行后违法占用的土地，须依法处理后再确定所有权。

（14）乡（镇）企业使用本乡（镇）、村集体所有的土地，依照有关规定进行补偿和安置的，土地所有权转为乡（镇）农民集体所有。经依法批准的乡（镇）、村公共设施、公益事业使用的农民集体土地，属乡（镇）、村农民集体所有。

（15）农民集体经依法批准以土地使用权作为联营条件与其他单位或个人举办联营企业的，或者农民集体经依法批准以集体所有的土地的使用权作价入股，举办外商投资企业和内联乡镇企业的，集体土地所有权不变。

（二）土地使用权的确认

全民所有制单位、集体所有制单位和个人依法使用国有土地或集体土地，须依法办理使用权的确认手续，由县级以上人民政府登记造册、核发证书、确认使用权。确认林地、草原的使用权，以及水面、滩涂的养殖使用权，应分别依照《森林法（草原法）》和《渔业法》的有关规定办理。

1. 国有土地使用权的确认

我国国有土地使用权的主体十分广泛，不仅包括公民、法人，还包括外国人和非法人组织；不仅包括城镇居民，还包括农民集体。铁路、公路、大型水利、电力设施以及军队使用的土地基本上都是国有土地。另外，国有土地使用权的取得方式包括出让、划拨、租赁、国家入股等，还可以通过依法转让、继承等方式取得国有土地使用权。

具体来说，应分别根据以下不同的情况加以确认。

（1）土地使用权确定给直接使用土地的单位或个人，但法律、法规、政策另有规定的除外，这是确定国家土地使用权的一般原则。

（2）土地使用者经国家依法划拨、出让、新中国成立初期接收、沿用，或通过依法转让、继承、接受地上建筑物等方式使用国有土地的，可确定其国有土地使用权。

（3）土地公有制之前，通过购买房屋或土地及租赁方式使用私有的土地，土地转为国有后迄今仍继续使用的，可以确定现使用者国有土地使用权。

（4）因原房屋拆除、改建或自然坍塌等原因，已经变更了实际土地使用者的，经依法审核批准，可将土地使用权确定给实际土地使用者；空地及房屋坍塌或拆除以后两年以上仍未恢复使用的土地，由当地县级以上人民政府收回土地使用权。

（5）其他单位占用原宗教团体、寺观教堂宗教活动用地，原使用单位因恢复宗教活动需要退还使用的，应按有关规定予以退还，确属无法退还，或土地使用权有争议的，经协商，处理后确定使用权。

（6）军事设施用地（包括靶场、试验场、训练场）依照新中国成立初期土地接收文件和人民政府批准征用或划拨土地的文件确定土地使用权。土地使用权有争议的，按国务院、中央军委有关文件规定处理后，再确定土地使用权；经国家批准撤销的军事设施，其土地使用权依照有关规定由当地县级以上人民政府收回并重新确定使用权。

（7）依法接收、征用、划拨的铁路线路用地及其他铁路设施用地，现仍由铁路单位使用的，其使用权确定给铁路单位。铁路线路路基两侧依法取得使用权的保护用地，使用权确定给铁路单位。

（8）驻机关、企事业单位内的行政管理和服务性单位，经政府批准使用的土地，可以由土地行政主管部门明确被驻单位规定土地的用途和其他限制条件后，分别确定实际土地使用者的土地使用权。但租用房屋的除外。

（9）原由铁路、公路、水利、电力、军队及其他单位和个人使用的土地，1982年5月《国家建设征用土地条例》公布之前，已经转由其他单位或个人使用的，除按照国家法律和政策应当退还的外，其国有土地使用权可确定给实际土地使用者，但严重影响上述部门的设施安全和正常使用的，暂不确定土地使用权。按照有关规定处理后，再确定土地使用权。1982年5月以后非法转让的，经依法处理后再确定使用权。

（10）农民集体使用的国有土地，其使用权按县级以上人民政府主管部门审批，划拨文件确定；没有审批、划拨文件的，依照当时规定补办手续后，按使用现状确定；过去未明确划定使用界线的，由县级以上人民政府参照土地实际使用情况确定。

（11）未按规定用途使用的国有土地，由县级以上人民政府收回重新安排使用或按有关规定处理后确定使用权。

（12）1987年1月《土地管理法》施行之前重复划拨或重复征用的土地，可按目前实际使用情况或根据最后一次划拨或征用文件确定使用权。

（13）以土地使用权为条件与其他单位或个人合建房屋的，依据批准文件，合建协议或投资数额确定土地使用权，但1982年《国家建设征用土地条例》公布后合建的，应依法办理土地转让手续后再确定土地使用权。

（14）以出让方式取得的土地使用权或划拨方式取得的土地使用权补办

出让手续后作价入股的，土地使用权确定给股份制企业；国家将土地使用权租赁给股份制企业的，土地使用权确定给股份制企业；企业以出让方式取得的土地使用权或以划拨方式取得的土地使用权补办出让手续后，出租给股份制企业的，土地使用权不变。

（15）企业以出让方式取得的土地使用权，企业破产后，经依法处理、确定给新的受让人；企业通过划拨方式取得的土地使用权，企业破产时，其土地使用权由县级以上人民政府收回后，根据有关规定进行处置。

（16）法人之间合并，依法属于应当以有偿方式取得土地使用权的，原土地使用权应当办理有关手续，有偿取得土地使用权；依法可以划拨形式取得土地使用权的，可以办理划拨土地权属变更登记，取得土地使用权。

2.集体土地使用权的确认

集体土地使用权主要包括两类：集体农用土地使用权和集体建设用地使用权。集体农用土地使用权主要是指对农业用地的承包经营权，也包括依法取得的"四荒地"使用权，此处重点介绍土地承包经营权的确权依据。集体建设用地使用权主要包括农村居民宅基地使用权和乡（镇）村企事业建设用地使用权等。

（1）土地承包经营权的确认。根据《土地管理法》的规定，农民集体所有的土地由本集体经济组织的成员承包经营，从事种植业、林业、畜牧业、渔业生产。土地承包经营期限为30年。农民的土地承包经营权受法律保护。

在土地承包经营期限内，对个别承包经营者之间承包的土地进行适当调整的，必须经村民会议三分之二以上成员或者三分之二以上村民代表的同意，并报乡（镇）人民政府和县级人民政府农业行政主管部门批准。

农民集体所有的土地由本集体经济组织以外的单位或者个人承包经营的，必须经村民会议三分之二以上成员或者三分之二以上村民代表的同意，并报乡（镇）人民政府批准。

（2）集体建设用地使用权的确认。

1）农村居民宅基地建设用地使用权的确认。1982年2月国务院发布《村镇建房用地管理条例》之前农村居民建房占用的宅基地，超过当地政府规定的面积，在条例施行后未经拆迁、改建、翻建的，可以暂按现有实际使用面积确定集体建设用地使用权。该条例发布时起至1987年1月《土地管理法》开始施行时止，农村居民建房占用的宅基地，其面积超过当地政府规定标准的，超过部分按 1986 年 3 月中共中央，国务院《关于加强土地管理，制止乱占耕地的通知》及地方人民政府的有关规定处理后，按处理后实际使用面积确定集体建设用地使用权。

符合当地政府分户建房规定而尚未分户的农村居民，其现有的宅基地没有超过分户建房用地合计面积标准的，可按现有宅基地面积确定集体建设用地使用权。

非农业户口居民（含华侨）原在农村的宅基地，房屋产权没有变化的，可依法确定其集体建设用地使用权。房屋拆除后没有批准重建的，土地使用权由集体收回。

接收转让、购买房屋取得的宅基地，与原有宅基地合计面积超过当地政府规定标准，按照有关规定处理后允许继续使用的，可暂确定其集体建设用地使用权。继承房屋取得的宅基地，可确定集体建设用地使用权。

农村专业户宅基地以外的非农业建设用地与宅基地分别确定集体建设用地使用权。

按照上述规定确定农村居民宅基地集体建设用地使用权时，其面积超过当地政府规定标准的，可在土地登记卡和土地证书内注明超过标准面积的数量，以后分户建房或现有房屋拆迁、改建、翻建或政府依法实施规划重新建设时，按当地政府规定的面积标准重新确定使用权，其超过部分退还集体。

空闲或房屋坍塌、拆除两年以上没有恢复使用的宅基地，不确定土地使用权。已经确定使用权的，由集体报经县级人民政府批准，注销其土地登记，土地由集体收回。

2）乡（镇）村企事业建设用地使用权的确认。乡（镇）村企事业单位和个人依法使用农民集体土地进行非农业建设的，可依法确定使用者集体建设用地使用权。对多占少用、占而不用的，其闲置部分不予确定使用权，并退还农民集体。

农民集体经依法批准的土地使用权作为联营条件与其他单位或个人合办联营企业，或者农民集体经依法批准以集体所有的土地的使用权作价入股，举办外商投资企业和内联乡镇企业的，可对联营或股份制企业确定集体建设用地使用权。

三、土地权属争议的类型和特点

(一) 类型

土地权属争议是指土地所有权或者使用权归属争议，它是特定范围内有关土地权利归属的民事纠纷。土地权属争议可以从不同角度划分出不同类型。

(1) 从地类上划分，可分为农业用地和非农业用地、城市土地和农村土地的权属争议。

(2) 从土地权属争议形成的原因来划分，可分为历史上形成的和因土地的征用、承包等引起的新的权属争议。

(3) 从争议主体的角度来划分，归纳起来主要有五种，即国有土地所有者与集体土地所有者之间；集体土地所有者之间；国有土地使用者之间；集体土地使用者之间；国有土地所有者与集体土地使用者之间。

(4) 从土地权属争议的内容来划分，可分为土地所有权争议、土地使用权争议和其他土地权利争议。其中土地所有权争议分为国有土地所有权和集体土地所有权之间的争议、农民集体之间的土地所有权争议。农民集体之间的土地所有权争议又可细分为乡 (镇) 农民集体之间、村农民集体之间、村民小组农民集体之间的土地所有权争议。土地使用权争议分为国有土地使用权争议和集体土地使用权争议。国有土地使用权争议大多为单位与单位之间土地权属争议，集体土地使用权争议包括集体土地建设用地使用权争议和宅基地使用权争议等。其他土地权利争议是因土地所有权和使用权之外的土地权利而发生的争议，在处理使用权争议时往往涉及这部分权利争议。

(二) 特点

(1) 土地权属争议的对象是土地所有权、使用权等的归属问题。它不同于其他争议，如有关行政区域边界争议；森林和林木争议；水利设施、水产养殖涉及的水面争议；城镇建设用地规则和房产争议及其他地上建筑物和附着物争议等。它更不同于土地的侵权行为引起的纠纷，土地侵权纠纷的对象是土地侵权行为存在与否的问题，其前提是土地所有权、使用权已明确。

（2）与土地违法案件不同，土地权属争议属于民事纠纷的范畴。土地违法案件中的违法行为人与行使处罚权的土地管理机关属行政管理相对人与行政管理人的关系，即被管理与管理的关系，两者之间的权利义务是不平等的，土地管理机关可以向人民法院申请强制执行，其所做的具体行政行为具有强制性；土地权属的当事人之间则具有平等的法律地位，其争议是平等主体之间的争议，可由当事人协商解决，协商不成的，才由人民政府处理。

（3）土地权属争议最显著的特点是各方均无足以证明其土地所有权、使用权的法律凭证，即存在争议。判断是否存在争议，首先要认定各方是否具有土地权属的法律凭证。如果争议各方均无足以证明其土地权属的法律凭证，属土地权属争议无疑；如果一方有土地权属的法律凭证，他方无凭证，一般不作为土地权属争议处理；如果各方均有法律凭证，但争议之处属各方所持法律凭证的重复之处（如重复发证），则要提请发证机关处理。

第四节　土地登记与房屋登记

一、土地登记

（一）土地登记的基本概念和一般规定

1. 基本概念

土地登记是指将国有土地使用权、集体土地所有权、集体土地使用权和土地抵押权、地役权以及依照法律法规规定需要登记的其他土地权利记载于土地登记簿公示的行为。国有土地使用权包括国有建设用地使用权和国有农用地使用权；集体土地使用权包括集体建设用地使用权、宅基地使用权和集体农用地使用权（不含土地承包经营权）。

我国的《土地登记办法》（以下称"本办法"）于2007年11月28日国土资源部第五次部务会议审议通过，自2008年2月1日起施行。

2. 一般规定

土地以宗地为单位进行登记。宗地是指土地权属界线封闭的地块或者空间。土地登记实行属地登记原则。申请人应当依照本办法向土地所在地的县级以上人民政府国土资源行政主管部门提出土地登记申请，依法报县级以上人民政府登记造册，核发土地权利证书。但土地抵押权、地役权由县级以上人民政府国土资源行政主管部门登记，核发土地他项权利证明书。跨县级行政区域使用的土地，应当报土地所跨区域各县级以上人民政府分别办理土地登记。

土地登记应当由当事人共同申请，但有下列情形之一的，可以单方申请：①土地总登记；②国有土地使用权、集体土地所有权、集体土地使用权的初始登记；③因继承或者遗赠取得土地权利的登记；④因人民政府已经发生法律效力的土地权属争议处理决定而取得土地权利的登记；⑤因人民法院、仲裁机构已经发生法律效力的法律文书而取得土地权利的登记；⑥更正登记或者异议登记；⑦名称、地址或者用途变更登记；⑧土地权利证书的补发或者换发；⑨其他依照规定可以由当事人单方申请的情形。两个以上土地使用权人共同使用一宗土地的，可以分别申请土地登记。

申请人申请土地登记，应当根据不同的登记事项提交材料：①土地登记申请书；②申请人身份证明材料；③土地权属来源证明；④地籍调查表、宗地图及宗地界址坐标；⑤地上附着物权属证明；⑥法律法规规定的完税或者减免税凭证。地籍调查表、宗地图及宗地界址坐标，可以委托有资质的专业技术单位进行地籍调查获得。申请人申请土地登记，应当如实向国土资源行政主管部门提交有关材料和反映真实情况，并对申请材料实质内容的真实性负责。未成年人的土地权利，应当由其监护人代为申请登记。申请办理未成年人土地登记的，除提交本办法第九条规定的材料外，还应当提交监护人身份证明材料。委托代理人申请土地登记的，除提交本办法第九条规定的材料外，还应当提交授权委托书和代理人身份证明。代理境外申请人申请土地登记的，授权委托书和被代理人身份证明应当经过依法公证或者认证。

国土资源行政主管部门在办理土地所有权和土地使用权登记手续前，应当报经同级人民政府批准。国土资源行政主管部门受理土地登记申请后，认为必要的，可以就有关登记事项向申请人询问，也可以对申请登记的土地进行实地查看。国土资源行政主管部门应当对受理的土地登记申请进行审查，并按照规定办理登记手续：①根据对土地登记申请的审核结果，以宗地为单位填写土地登记簿；②根据土地登记簿的相关内容，以权利人为单位填写土地归户卡；③根据土地登记簿的相关内容，以宗地为单位填写土地权利证书。对共有一宗土地的，应当为两个以上土地权利人分别填写土地权利证书。

土地登记簿是土地权利归属和内容的根据。土地登记簿应当载明：①土地权利人的姓名或者名称、地址；②土地的权属性质、使用权类型，取得时间和使用期限，权利以及内容变化情况；③土地的坐落、界址、面积、宗地号、用途和取得价格；④地上附着物情况。土地登记簿应当加盖人民政府印章。土地登记簿采用电子介质的，应当每天进行异地备份。

土地权利证书是土地权利人享有土地权利的证明，由国务院国土资源行政主管部门统一监制。土地权利证书记载的事项，应当与土地登记簿一致；记载不一致的，除有证据证明土地登记簿确有错误外，以土地登记簿为准。

有下列情形之一的，不予登记：①土地权属有争议的；②土地违法违规行为尚未处理或者正在处理的；③未依法足额缴纳土地有偿使用费和其他税费的；④申请登记的土地权利超过规定期限的；⑤其他依法不予登记的。不予登记的，应当书面告知申请人不予登记的理由。

(二) 土地登记的主要类型

1. 土地总登记

土地总登记，是指在一定时间内对辖区内全部土地或者特定区域内土地进行的全面登记。

土地总登记应当发布通告。通告的主要内容包括：①土地登记区的划分；②土地登记的期限；③土地登记收件地点；④土地登记申请人应当提交的相关文件材料；⑤需要通告的其他事项。

对符合总登记要求的宗地，由国土资源行政主管部门予以公告。公告的主要内容包括：①土地权利人的姓名或者名称、地址；②准予登记的土地坐落、面积、用途、权属性质，使用权类型和使用期限；③土地权利人及其他利害关系人提出异议的期限、方式和受理机构；④需要公告的其他事项。公告期满，当事人对土地总登记审核结果无异议或者异议不成立的，由国土资源行政主管部门报经人民政府批准后办理登记。

2. 初始登记

初始登记，是指土地总登记之外对设立的土地权利进行的登记。

依法以划拨方式取得国有建设用地使用权的，当事人应当持县级以上人民政府的批准用地文件和国有土地划拨决定书等相关证明材料，申请划拨国有建设用地使用权初始登记。新开工的大中型建设项目使用划拨国有土地的，还应当提供建设项目竣工验收报告。

依法以出让方式取得国有建设用地使用权的，当事人应当在付清全部国有土地出让价款后，持国有建设用地使用权出让合同和土地出让价款缴纳凭证等相关证明材料，申请出让国有建设用地使用权初始登记。划拨国有建设用地使用权已依法转为出让国有建设用地使用权的，当事人应当持原国有土地使用证、出让合同及土地出让价款缴纳凭证等相关证明材料，申请出让国有建设用地使用权初始登记。

依法以国有土地租赁方式取得国有建设用地使用权的，当事人应当持租赁合同和土地租金缴纳凭证等相关证明材料，申请租赁国有建设用地使用权初始登记。依法以国有土地使用权作价出资或者入股方式取得国有建设用地使用权的，当事人应当持原国有土地使用证、土地使用权出资或者入股批准文件和其他相关证明材料，申请作价出资或者入股国有建设用地使用权初始登记。以国家授权经营方式取得国有建设用地使用权的，当事人应当持原国有土地使用证、土地资产处置批准文件和其他相关证明材料，申请授权经营国有建设用地使用权初始登记。

农民集体土地所有权人应当持集体土地所有权证明材料，申请集体土地所有权初始登记。依法使用本集体土地进行建设的，当事人应当持有批准权的人民政府的批准用地文件，申请集体建设用地使用权初始登记。集体土地所有权人依法以集体建设用地使用权入股、联营等形式兴办企业的，当事人应当持有批准权的人民政府的批准文件和相关合同，申请集体建设用地使用权初始登记。依法使用本集体土地进行农业生产的，当事人应当持农用地使用合同，申请集体农用地使用权初始登记。

依法抵押土地使用权的，抵押权人和抵押人应当持土地权利证书，主债权债务合同、抵押合同以及相关证明材料，申请土地使用权抵押登记。同一宗地多次抵押的，以抵押登记申请先后为序办理抵押登记。符合抵押登记条件的，国土资源行政主管部门应当将抵押合同约定的有关事项在土地登记簿和土地权利证书上加以记载，并向抵押权人颁发土地他项权利证明书。申请登记的抵押为最高额抵押的，应当记载所担保的最高债权额、最高额抵押的期间等内容。

3. 变更登记

变更登记，是指因土地权利人发生改变，或者因土地权利人姓名或者名称、地址或土地用途等内容发生变更而进行的登记。

依法以出让、国有土地租赁、作价出资或者入股方式取得的国有建设用地使用权转让的，当事人应当持原国有土地使用证和土地权利发生转移的相关证明材料，申请国有建设用地使用权变更登记。因依法买卖、交换、赠予地上建筑物、构筑物及其附属设施涉及建设用地使用权转移的，当事人应当持原土地权利证书、变更后的房屋所有权证书及土地使用权发生转移的相关证明材料，申请建设用地使用权变更登记。涉及划拨土地使用权转移的，当事人还应当提供有批准权人民政府的批准文件。因法人或者其他组织合并、分立、兼并、破产等原因致使土地使用权发生转移的，当事人应当持相关协议及有关部门的批准文件，原土地权利证书等相关证明材料，申请土地使用权变更登记。

因处分抵押财产而取得土地使用权的，当事人应当在抵押财产处分后，持相关证明文件，申请土地使用权变更登记。土地使用权抵押期间，土地使用权依法发生转让的，当事人应当持抵押权人同意转让的书面证明，转让合同及其他相关证明材料，申请土地使用权变更登记。已经抵押的土地使用权转让后，当事人应当持土地权利证书和他项权利证明书，办理土地抵押权变更登记。经依法登记的土地抵押权因主债权被转让而转让的，主债权的转让人和受让人可以持原土地他项权利证明书、转让协议，已经通知债务人的证明等相关证明材料，申请土地抵押权变更登记。

因人民法院、仲裁机构生效的法律文书或者因继承、受遗赠取得土地使用权，当事人申请登记的，应当持生效的法律文书或者死亡证明、遗嘱等相关证明材料，申请土地使用权变更登记。权利人在办理登记之前先行转让该土地使用权或者设定土地抵押权的，应当依照本办法先将土地权利申请登记到其名下后，再申请办理土地权利变更登记。

土地权利人姓名或名称、地址发生变化的，当事人应当持原土地权利证书等相关证明材料，申请姓名或者名称、地址变更登记。土地的用途发生变更的，当事人应当持有关批准文件和原土地权利证书，申请土地用途变更登记。土地用途变更依法需要补交土地出让价款的，当事人还应当提交已补交土地出让价款的缴纳凭证。

4. 注销登记

注销登记，是指因土地权利的消灭等而进行的登记。有下列情形之一的，可直接办理注销登记：①依法收回的国有土地；②依法征收的农民集体土地；③因人民法院、仲裁机构生效的法律文书致使原土地权利消灭，当事人未办理注销登记的。因自然灾害等原因造成土地权利消灭的，原土地权利人应当持原土地权利证书及相关证明材料，申请注销登记。非住宅国有建设用地使用权期限届满，国有建设用地使用权人未申请续期或者申请续期未获批准的，当事人应当在期限届满前十五日内，持原土地权利证书，申请注销登记。

已经登记的土地抵押权、地役权终止的，当事人应当在该土地抵押权、地役权终止之日起十五日内，持相关证明文件，申请土地抵押权、地役权注销登记。当事人未按照规定申请注销登记的，国土资源行政主管部门应当责令当事人限期办理；逾期不办理的，进行注销公告，公告期满后可直接办理注销登记。

土地抵押期限届满，当事人未申请土地使用权抵押注销登记的，除设定抵押权的土地使用权期限届满外，国土资源行政主管部门不得直接注销土地使用权抵押登记。土地登记注销后，土地权利证书应当收回；确实无法收回的，应当在土地登记簿上注明，并经公告后废止。

5. 其他登记

其他登记，包括更正登记、异议登记、预告登记和查封登记。

国土资源行政主管部门发现土地登记簿记载的事项确有错误的，应当报经人民政府批准后进行更正登记并书面通知当事人在规定期限内办理更换或者注销原土地权利证书的手续。当事人逾期不办理的，国土资源行政主管部门报经人民政府批准并公告后，原土地权利证书废止。更正登记涉及土地权利归属的，应当对更正登记结果进行公告。土地权利人认为土地登记簿记载的事项错误的，可以持原土地权利证书和证明登记错误的相关材料，申请更正登记。利害关系人认为土地登记簿记载的事项错误的，可以持土地权利人书面同意更正的证明文件，申请更正登记。

土地登记簿记载的权利人不同意更正的，利害关系人可以申请异议登记。对符合异议登记条件的，国土资源行政主管部门应当将相关事项记载于土地登记簿，并向申请人颁发异议登记证明，同时书面通知土地登记簿记载的土地权利人。异议登记期间，未经异议登记权利人同意，不得办理土地权利的变更登记或者设定土地抵押权。有下列情形之一的，异议登记申请人或者土地登记簿记载的土地权利人可以持相关材料申请注销异议登记：①异议登记申请人在异议登记之日起15日内没有起诉的；②人民法院对异议登记申请人的起诉不予受理的；③人民法院对异议登记申请人的诉讼请求不予支持的。异议登记失效后，原申请人就同一事项再次申请异议登记的，国土资源行政主管部门不予受理。

当事人签订土地权利转让的协议后，可以按照约定持转让协议申请预告登记。对符合预告登记条件的，国土资源行政主管部门应当将相关事项记载于土地登记簿，并向申请人颁发预告登记证明。预告登记后，债权消灭或者自能够进行土地登记之日起3个月内当事人未申请土地登记的，预告登记失效。预告登记期间，未经预告登记权利人同意，不得办理土地权利的变更登记或者土地抵押权、地役权登记。

国土资源行政主管部门应当根据人民法院提供的查封裁定书和协助执行通知书，报经人民政府批准后将查封或者预查封的情况在土地登记簿上加以记载。国土资源行政主管部门在协助人民法院执行土地使用权时，不对生效法律文书和协助执行通知书进行实体审查。国土资源行政主管部门认为人民法院的查封，预查封裁定书或者其他生效法律文书错误的，可以向人民法院提出审查建议，但不得停止办理协助执行事项。对被执行人因继承、判决或者强制执行取得，但尚未办理变更登记的土地使用权的查封，国土资源行政主管部门依照执行查封的人民法院提交的被执行人取得财产所依据的继承证明、生效判决书或者执行裁定书及协助执行通知书等，先办理变更登记手续后，再行办理查封登记。

二、房屋登记

(一) 房屋登记的基本概念和一般规定

1. 基本概念

房屋登记是指房屋登记机构依法将房屋权利和其他应当记载的事项在房屋登记簿上予以记载的行为。房屋登记由房屋所在地的房屋登记机构办理。国务院建设主管部门负责指导、监督全国的房屋登记工作。省、自治区、直辖市人民政府建设 (房地产) 主管部门负责指导、监督本行政区域内的房屋登记工作。房屋登记机构应当建立本行政区域内统一的房屋登记簿。房屋登记簿是房屋权利归属和内容的根据,由房屋登记机构管理。

我国的《房屋登记办法》已于 2008 年 1 月 22 日经建设部第 147 次常务会议讨论通过,自 2008 年 7 月 1 日起施行。

2. 一般规定

办理房屋登记,一般依照下列程序进行:①申请;②受理;3 审核;④记载于登记簿;⑤发证。房屋应当按照基本单元进行登记。房屋基本单元是指有固定界限,可以独立使用并且有明确、唯一的编号 (幢号、室号等) 的房屋或者特定空间。国有土地范围内成套住房,以套为基本单元进行登记;非成套住房,以房屋的幢、层、间等有固定界限的部分为基本单元进行登记。集体土地范围内村民住房,以宅基地上独立建筑为基本单元进行登记;在共有宅基地上建造的村民住房,以套、间等有固定界限的部分为基本单元进行登记。非住房以房屋的幢、层、套、间等有固定界限的部分为基本单元进行登记。

办理房屋登记,应当遵循房屋所有权和房屋占用范围内的土地使用权权利主体一致的原则。申请登记材料应当提供原件。不能提供原件的,应当提交经有关机关确认与原件一致的复印件。申请人应当对申请登记材料的真实性、合法性、有效性负责,不得隐瞒真实情况或者提供虚假材料申请房屋登记。申请房屋登记,应当由有关当事人双方共同申请。有下列情形之一,申请房屋登记的,可以由当事人单方申请:①因合法建造房屋取得房屋权利;②因人民法院、仲裁委员会生效的法律文书取得房屋权利;③因继承、受遗赠取得房屋权利;④有本办法所列变更登记情形之一;⑤房屋灭失;⑥

权利人放弃房屋权利；⑦法律、法规规定的其他情形。共有房屋，应当由共有人共同申请登记。未成年人的房屋，应当由其监护人代为申请登记。委托代理人申请房屋登记的，代理人应当提交授权委托书和身份证明。

房屋登记机构应当查验申请登记材料，并根据不同登记申请就申请登记事项是否为申请人的真实意思表示，申请登记房屋是否为共有房屋、房屋登记簿记载的权利人是否同意更正，以及申请登记材料中需进一步明确的其他有关事项询问申请人。询问结果应当经申请人签字确认，并归档保留。办理下列房屋登记，房屋登记机构应当实地查看：①房屋所有权初始登记；②在建工程抵押权登记；③因房屋灭失导致的房屋所有权注销登记；④法律、法规规定的应当实地查看的其他房屋登记。

登记申请符合下列条件的，房屋登记机构应当予以登记，将申请登记事项记载于房屋登记簿：①申请人与依法提交的材料记载的主体一致；②申请初始登记的房屋与申请人提交的规划证明材料记载一致，申请其他登记的房屋与房屋登记簿记载一致；③申请登记的内容与有关材料证明的事实一致；④申请登记的事项与房屋登记簿记载的房屋权利不冲突。

有下列情形之一的，房屋登记机构应当不予登记：①未依法取得规划许可，施工许可或者未按照规划许可的面积等内容建造的建筑申请登记的；②申请人不能提供合法、有效的权利来源证明文件或者申请登记的房屋权利与权利来源证明文件不一致的；③申请登记事项与房屋登记簿记载冲突的；④申请登记房屋不能特定或者不具有独立利用价值的；⑤房屋已被依法征收、没收，原权利人申请登记的；⑥房屋被依法查封期间，权利人申请登记的。

房屋登记簿应当记载房屋自然状况、权利状况以及其他依法应当登记的事项。房屋登记机构应当根据房屋登记簿的记载，缮写并向权利人发放房屋权属证书。房屋权属证书，登记证明与房屋登记簿记载不一致的，除有证据证明房屋登记簿确有错误外，以房屋登记簿为准。

（二）国有土地范围内房屋登记

1. 所有权登记

因合法建造房屋申请房屋所有权初始登记的，应当提交下列材料：①登记申请书；②申请人身份证明；③建设用地使用权证明；④建设工程符合规划的证明；⑤房屋已竣工的证明；⑥房屋测绘报告；⑦其他必要材料。房地产开发企业申请房屋所有权初始登记时，应当对建筑区划内依法属于全体业主共有的公共场所、公用设施和物业服务用房等房屋一并申请登记，由房屋登记机构在房屋登记簿上予以记载，不颁发房屋权属证书。

发生下列情形之一的，当事人应当在有关法律文件生效或者事实发生后申请房屋所有权转移登记：①买卖；②互换；③赠予；④继承，受遗赠；⑤房屋分割、合并，导致所有权发生转移的；⑥以房屋出资入股；⑦法人或者其他组织分立、合并，导致房屋所有权发生转移的；⑧法律、法规规定的其他情形。

抵押期间，抵押人转让抵押房屋的所有权，申请房屋所有权转移登记的，除提供本办法第三十三条规定材料外，还应当提交抵押权人的身份证明、抵押权人同意抵押房屋转让的书面文件、他项权利证书。因人民法院或者仲裁委员会生效的法律文书、合法建造房屋、继承或者遗赠取得房屋所有权，权利人转让该房屋所有权或者以该房屋设定抵押权时，应当将房屋登记到权利人名下后，再办理房屋所有权转移登记或者房屋抵押权设立登记。

发生下列情形之一的，权利人应当在有关法律文件生效或者事实发生后申请房屋所有权变更登记：①房屋所有权人的姓名或者名称变更的；②房屋坐落的街道、门牌号或者房屋名称变更的；③房屋面积增加或者减少的；④同一所有权人分割、合并房屋的；⑤法律、法规规定的其他情形。申请房屋所有权变更登记，应当提交下列材料：①登记申请书；②申请人身份证明；③房屋所有权证书或者房地产权证书；④证明发生变更事实的材料；⑤其他必要材料。

经依法登记的房屋发生下列情形之一的，房屋登记簿记载的所有权人应当自事实发生后申请房屋所有权注销登记：①房屋灭失的；②放弃所有权的；③法律、法规规定的其他情形。经登记的房屋所有权消灭后，原权利人未申请注销登记的，房屋登记机构可以依据人民法院、仲裁委员会的生效法律文书或者人民政府的生效征收决定办理注销登记，将注销事项记载于房屋登记簿，原房屋所有权证收回或者公告作废。

2. 抵押权登记

以房屋设定抵押的，当事人应当申请抵押权登记。申请抵押权登记，应当提交下列文件：①登记申请书；②申请人的身份证明；③房屋所有权证书或者房地产权证书；④抵押合同；⑤主债权合同；⑥其他必要材料。对符合规定条件的抵押权设立登记，房屋登记机构应当将下列事项记载于房屋登记簿：①抵押当事人、债务人的姓名或者名称；②被担保债权的数额；③登记时间。

当上述所列事项发生变化或者发生法律，法规规定变更抵押权的其他情形的，当事人应当申请抵押权变更登记。经依法登记的房屋抵押权发生下列情形之一的，权利人应当申请抵押权注销登记：①主债权消灭；②抵押权已经实现；③抵押权人放弃抵押权；④法律、法规规定抵押权消灭的其他情形。

以房屋设定最高额抵押的，当事人应当申请最高额抵押权设立登记。因最高债权额、债权确定的期间发生变更而申请变更登记的，还应当提交其他抵押权人的书面同意文件。最高额抵押权担保的债权确定前，债权人转让部分债权的，除当事人另有约定外，房屋登记机构不得办理最高额抵押权转移登记。当事人约定最高额抵押权随同部分债权的转让而转移的，应当在办理最高额抵押权确定登记之后，办理抵押权转移登记。

对符合规定条件的最高额抵押权确定登记，登记机构应当将最高额抵押权担保的债权已经确定的事实记载于房屋登记簿。当事人协议确定或者人民法院、仲裁委员会生效的法律文书确定了债权数额的，房屋登记机构可以依照当事人一方的申请将债权数额确定的事实记载于房屋登记簿。以在建工程设定抵押的，当事人应当申请在建工程抵押权设立登记。在建工程竣工并经房屋所有权初始登记后，当事人应当申请将在建工程抵押权登记转为房屋抵押权登记。

3. 地役权登记

在房屋上设立地役权的，当事人可以申请地役权设立登记。申请地役权设立登记，应当提交下列材料：①登记申请书；②申请人的身份证明；③地役权合同；④房屋所有权证书或者房地产权证书；⑤其他必要材料。对符合规定条件的地役权设立登记，房屋登记机构应当将有关事项记载于需役地和供役地房屋登记簿，并可将地役权合同附于供役地和需役地房屋登记簿。

4. 预告登记

有下列情形之一的，当事人可以申请预告登记：①预购商品房；②以预购商品房设定抵押；③房屋所有权转让、抵押；④法律、法规规定的其他情形。预告登记后，未经预告登记的权利人书面同意，处分该房屋申请登记的，房屋登记机构应当不予办理。预告登记后，债权消灭或者自能够进行相应的房屋登记之日起 3 个月内，当事人申请房屋登记的，房屋登记机构应当按照预告登记事项办理相应的登记。

预售人和预购人订立商品房买卖合同后，预售人未按照约定与预购人申请预告登记，预购人可以单方申请预告登记。申请预购商品房预告登记，应当提交下列材料：①登记申请书；②申请人的身份证明；③已登记备案的商品房预售合同；④当事人关于预告登记的约定；⑤其他必要材料。预购人单方申请预购商品房预告登记，预售人与预购人在商品房预售合同中对预告登记附有条件和期限的，预购人应当提交相应的证明材料。

5. 其他登记

权利人、利害关系人认为房屋登记簿记载的事项有错误的，可以申请更正登记。房屋登记簿记载确有错误的，应当予以更正；需要更正房屋权属证书内容的，应当书面通知权利人换领房屋权属证书；房屋登记簿记载无误的，应当不予更正，并书面通知申请人。房屋登记机构发现房屋登记簿的记载错误，不涉及房屋权利归属和内容的，应当书面通知有关权利人在规定期限内办理更正登记；当事人无正当理由逾期不办理更正登记的，房屋登记机构可以依据申请登记材料或者有效的法律文件对房屋登记簿的记载予以更正，并书面通知当事人。对于涉及房屋权利归属和内容的房屋登记簿的记载错误，房屋登记机构应当书面通知有关权利人在规定期限内办理更正登记；办理更正登记期间，权利人因处分其房屋权利申请登记的，房屋登记机构应当暂缓办理。

利害关系人认为房屋登记簿记载的事项错误，而权利人不同意更正的，利害关系人可以持登记申请书，申请人的身份证明、房屋登记簿记载错误的证明文件等材料申请异议登记。房屋登记机构受理异议登记的，应当将异议事项记载于房屋登记簿。异议登记期间，房屋登记簿记载的权利人处分房屋申请登记的，房屋登记机构应当暂缓办理。权利人处分房屋申请登记，房屋登记机构受理登记申请但尚未将申请登记事项记载于房屋登记簿之前，第三人申请异议登记的，房屋登记机构应当中止办理原登记申请，并书面通知申请人。异议登记期间，异议登记申请人起诉，人民法院不予受理或者驳回其诉讼请求的，异议登记申请人或者房屋登记簿记载的权利人可以持登记申请书、申请人的身份证明，相应的证明文件等材料申请注销异议登记。

人民法院、仲裁委员会的生效法律文书确定的房屋权利归属或者权利内容与房屋登记簿记载的权利状况不一致的，房屋登记机构应当按照当事人的申请或者有关法律文书，办理相应的登记。司法机关、行政机关、仲裁委员会发生法律效力的文件证明当事人以隐瞒真实情况、提交虚假材料等非法手段获取房屋登记的，房屋登记机构可以撤销原房屋登记，收回房屋权属证书、登记证明或者公告作废，但房屋权利为他人善意取得的除外。

（三）集体土地范围内房屋登记

依法利用宅基地建造的村民住房和依法利用其他集体所有建设用地建造的房屋，可以申请房屋登记。

因合法建造房屋申请房屋所有权初始登记的，应当提交下列材料：①登记申请书；②申请人的身份证明；③宅基地使用权证明或者集体所有建设用地使用权证明；④申请登记房屋符合城乡规划的证明；⑤房屋测绘报告或者村民住房平面图；⑥其他必要材料。申请村民住房所有权初始登记的，还应当提交申请人属于房屋所在地农村集体经济组织成员的证明。农村集体经济组织申请房屋所有权初始登记的，还应当提交经村民会议同意或者由村民会议授权经村民代表会议同意的证明材料。

办理村民住房所有权初始登记，农村集体经济组织所有房屋所有权初始登记，房屋登记机构受理登记申请后，应当将申请登记事项在房屋所在地农村集体经济组织内进行公告。经公告无异议或者异议不成立的，方可予以登记。发生下列情形之一的，权利人应当在有关法律文件生效或者事实发生后申请房屋所有权变更登记：①房屋所有权人的姓名或者名称变更的；②房屋坐落变更的；③房屋面积增加或者减少的；④同一所有权人分割、合并房屋的；⑤法律、法规规定的其他情形。

申请农村村民住房所有权转移登记，受让人不属于房屋所在地农村集体经济组织成员的，除法律、法规另有规定外，房屋登记机构应当不予办理。房屋登记机构对集体土地范围内的房屋予以登记的，应当在房屋登记簿和房屋权属证书上注明"集体土地"字样。办理集体土地范围内房屋的地役权登记、预告登记、更正登记、异议登记等房屋登记，可以参照适用国有土地范围内房屋登记的有关规定。

第五节　不动产统一登记

《物权法》第十条第二款规定："国家对不动产实行统一登记制度。统一登记的范围，登记机构和登记办法，由法律、行政法规规定。"尽管《物权法》规定的不动产统一登记制度是一项重要的制度创新，具有里程碑的意义，但《物权法》仅仅提出国家对不动产实行统一登记制度，对具体负责登记的机构、登记范围等并未明确规定。

2013年3月28日，国务院办公厅发布《关于实施〈国务院机构改革和职能转变方案〉任务分工的通知》(以下简称《通知》)。《通知》要求，整合房屋登记、林地登记、草原登记、土地登记职责，出台并实施不动产统一登记制度，2014年6月底前出台不动产登记条例。同年11月20日召开的国务院常务会议决定，整合不动产登记职责、建立不动产统一登记制度，由国土资源部负责指导监督全国土地、房屋、草原、林地、海域等不动产统一登记职责，基本做到登记机构、登记簿册、登记依据和信息平台"四统一"。

2014年4月21日，国土资源部表示将在2016年全面实施统一登记制度。同年5月7日，国土资源部地籍管理司加挂不动产登记局牌子，不动产登记局挂牌成立。同年11月24日，国务院以656号文件正式公布《不动产登记暂行条例》，该条例自2015年3月1日起施行。至此，我国不动产统一登记制度基本建立，并在全国逐步开展。

一、建立不动产统一登记制度的背景、意义和指导思想

(一) 建立不动产统一登记制度的背景

建立不动产统一登记制度，是经济社会发展的必然要求，是加强和创新社会管理的重要手段，是贯彻落实《物权法》关于建立不动产统一登记制度的重要举措，是规范不动产登记行为，维护不动产交易安全，保护不动产权利人合法权益的重要保障，也是国际上的通行做法。

随着中国经济社会的快速发展，原有的不动产分散登记体制，已不能适应社会管理和社会经济活动的要求，分散登记产生的直接问题有资源资产利用效益低和社会管理效率低，交易活动不安全，公民和社会组织行使物权权利不方便等。2007 年颁布实施的《物权法》确立了不动产统一登记制度。但是，由于机构体制等原因，不动产统一登记制度未能真正建立，不动产多头管理职能重叠、重复登记的问题依然存在，不利于权利人合法权益的保护。党中央、国务院对此高度重视，大力推进改革。2013 年 3 月，《国务院机构改革和职能转变方案》明确要求"减少部门职责交叉和分散。最大限度地整合分散在国务院相同或相似的职责，理顺部门职责关系"，其中就包括整合房屋登记、林地登记、草原登记、土地登记的职责由一个部门承担。同年 11 月，国务院第 31 次常务会议明确，由国土资源部负责指导监督全国土地、房屋、草原、林地、海域等不动产统一登记职责，基本做到登记机构、登记簿册、登记依据和信息平台"四统一"。12 月，中央编办下发《关于整合不动产登记职责的通知》，明确了职责整合的路径和方向。建立和实施不动产统一登记制度的目的是按照完善制度、方便群众、统筹兼顾、平稳实施的原则，在基本实现登记机构、登记依据、登记簿册和信息平台"四统一"的基础上，加快形成权界清晰、分工合理、权责一致、运转高效、法治保障的不动产统一登记体系，最终实现各类不动产从分散登记到统一登记的转变，彻底转变政府职能，保障不动产交易安全，保护不动产权利人的合法财产权。

(二) 建立不动产统一登记制度的意义

一是更好地保护不动产权利人的合法财产权，保障不动产交易安全，维护正常的市场交易秩序。"有恒产者有恒心"，登记的本质目的就是确定不动产的权利归属，并在登记簿上进行记载公示，从而达到保护不动产物权的目的。以前由不同的部门管理和登记，导致农林用地、农牧用地以及林牧用地之间的权属界线不清，权利归属不明确，引发众多矛盾和纠纷，有的甚至产生恶性械斗，引发群体性事件。除此之外，以前分散登记，由于各部门的登记方法、技术规程等不一致，很容易导致各种不动产权利的重复登记、遗漏登记现象的产生。特别是不同类型的土地权利面积重叠或者重复登记严重，造成了大量登记错误，不利于保护权利人的权利。统一登记后就可以减少甚至杜绝类似的问题发生，更好地理清当事人之间的不动产权利界限，减少权属纠纷，提高登记的准确性和权威性，更好地维护当事人的不动产物权。同时，统一登记之后，建立不动产登记信息依法公开查询系统，将有效保障不动产交易安全，维护不动产市场的正常交易秩序。

二是提高政府治理效率和水平。不同的部门都办理不动产登记，各个部门都配备一套专门的人员、机构、场所以及设施设备等，国家不仅为此相应地多支付人力、物力、财力，而且由于各部门之间的职能交叉，容易导致各部门之间的争权夺利或者扯皮推诿，降低行政办事效率。建立不动产统一登记制度，理顺部门职责关系，将房屋登记、林地登记、草原登记、土地登记以及海域登记的职责整合由一个部门承担，从而促进政府职能转变，可以大大减少政府行政成本，提高政府办事效率和公信力。

三是方便企业和群众，减轻当事人的负担。分散登记时，在农村，当事人要分别到四个不同的部门办理不同证件：住房要到建设部门办理《房屋所有权证》，宅基地要到国土资源主管部门办理《集体土地使用证》，承包的土地要到农业部门办理《农村土地承包经营权证》，栽种的树木要到林业部门办理《林权证》。在城市，当事人最少也要办两个证：到建设部门办理《房屋所有权证》，到国土资源主管部门办理《国有土地使用证》。各种证书满天飞，不仅增加了人民群众办证的不便，而且增加了其时间成本和金钱成本。在统一不动产登记依据的基础上，确保实现登记机构、登记簿册证和登记信息管理平台的统一，逐步实现一个窗口对外服务，减少办证环节，可以让当事人少跑路，大大减轻群众负担，方便企业和群众。

(三) 建立不动产统一登记制度的指导思想

一是体现贯彻落实党中央，国务院关于加强政府职能转变的要求，加快不动产登记管理职能的转变。新一届政府把深化改革作为着力点，把加快转变职能作为大事。2013年3月，《国务院机构改革和职能转变方案》明确要求实行不动产统一登记。同年11月，国务院第31次常务会议明确，由国土资源部负责指导监督全国不动产统一登记。按照中央"凡属重大改革都要于法有据"的总体要求，不动产统一登记各项制度建设都要以立法为前提，并紧紧围绕不动产登记相关法律规定的各项内容搭建制度框架。为此，国家出台了《不动产登记暂行条例》(以下简称《条例》)。

二是以维护交易安全、保障物权稳定、明确不动产登记的基本规则为立法宗旨。不动产登记突出不动产登记在公示公信方面的基本功能；公示原则的基本含义，就是必须将物权这种抽象的法律权利是否存在、是否发生变动的情形以法律规定的方式公开展示出来，使物权获得法律和社会的承认和保护，以达到保护交易安全和明确社会财产支配秩序的目的。而物权是否存在、物权变动是否发生的法定公示方式就是不动产登记。对于物权变动是否能够发生效果，我国《物权法》第九条第一款规定："不动产物权的设立、变更、转让和消灭，经依法登记，发生效力；未经登记，不发生效力，但法律另有规定的除外。"条文明确规定，确定物权变动是否生效的法律根据，就是看其是否已经纳入了不动产登记。而对于物权是否存在的法律根据，我国《物权法》第十六条规定："不动产登记簿是物权归属和内容的根据。"同时，《条例》明确已经发放的权属证书继续有效，已经依法享有的不动产权利不因登记机构和程序的改变而受到影响。

三是将条例定位于程序法，明确了当事人提出不动产登记申请的各种程序。《物权法》中不动产登记的相关规定，是不动产立法的实体法；《条例》中的登记规则，是不动产立法的程序法。物权实体法决定程序法，程序法反过来影响实体法，程序法的建立也取决于实体法。因此，我国的不动产登记立法必须保障登记能够发挥立法所强调的实质主义的作用的实现。反过来，程序法也会对实体权利产生决定性影响。与物权法的相关制度相比,《条例》规定的不动产登记的主要特点在于如何进行不动产登记,而不是登记与否对物权变动的影响。《条例》建立的是不动产登记的各项程序,也就是规范不动产登记机关开展不动产登记的程序,以及引导和保障民事主体设立、转让、变更和消灭不动产物权的程序。

四是以便民利民和保障交易安全为导向,实现不动产登记实质上的统一。在统一不动产登记依据的基础上,确保实现登记机构、登记簿册证和登记信息管理平台的统一,实现一个窗口对外,并简化程序,减轻群众负担。《条例》特别强调,不动产登记机构能够通过互通共享取得的信息,不得要求不动产登记申请人重复提交。

二、《不动产登记暂行条例》的基本框架及其主要内容

《不动产登记暂行条例》由国务院于2014年11月24日发布,自2015年3月1日起施行。

(一)《不动产登记暂行条例》的基本框架

《条例》共六章,三十五条。

第一章 "总则",共七条,对条例的立法目的及依据、不动产登记及不动产的概念、不动产登记的类型、不动产登记的原则,需要进行登记的不动产权利种类、不动产登记机构以及不动产登记管辖进行了规定。

第二章"不动产登记簿",共六条,对不动产登记单元及不动产登记簿应当记载的事项、不动产登记簿的介质、不动产登记簿记载要求、不动产登记工作人员要求、不动产登记簿保管要求、不动产登记簿永久保存及移交等进行了规定。

第三章 "登记程序",共九条,对不动产登记申请情形,现场登记、代理登记和撤回登记申请,登记申请应提交的材料及材料目录、范本公示,不动产登记机构初步审查,登记机构查验,登记机构实地查看和调查等审查职责,登记机构审查期限,完成登记,不予登记的情形等内容进行了规定。

第四章"登记信息共享与保护",共六条,对不动产登记信息管理基础平台建设,不动产登记信息互通共享,各部门加强有关信息互通共享,工作

人员保密义务，登记资料查询、复制，查询主体对登记信息不得随意泄露等内容进行了规定。

第五章　"法律责任"，共四条，对不动产登记错误造成损害应承担赔偿责任，不动产登记机构工作人员在不动产登记工作中渎职行为应承担法律责任，伪造、变造不动产权属证书或者证明以及买卖、使用伪造、变造的不动产权属证书或者证明应承担法律责任，泄露不动产登记资料、登记信息或者利用不动产登记资料、登记信息进行不正当活动应承担法律责任等进行了规定。

第六章"附则"，共三条，对以往证书是否有效以及农村土地承包经营权登记过渡期，授权国务院国土资源主管部门会同有关部门制定实施细则，条例生效日期等进行了规定。

(二)《不动产登记暂行条例》的主要内容

1. 关于登记机构

按照《国务院机构改革和职能转变方案》关于整合房屋登记、林地登记、草原登记、土地登记职责的要求，以及中央编办《关于整合不动产登记职责的通知》中明确国土资源部指导监督全国土地登记、房屋登记、林地登记、草原登记、海域登记等不动产登记工作的职责的有关规定，《条例》明确国土资源部负责指导、监督全国不动产登记工作，同时要求县级以上地方人民政府确定一个部门负责本行政区域不动产登记工作，并接受上级不动产登记主管部门的指导和监督。

2. 关于登记簿册

不动产登记簿是物权归属和内容的根据，严格规范登记簿的管理有利于保护不动产权利人的合法权益。《条例》规定，登记机构应当设置统一的登记簿，载明不动产自然状况、权属状况等相关事项，并对登记簿的介质形式登记机构的保管保存义务等进行明确。同时，为妥善处理好不动产统一登记过程中新证和老证之间的关系，《条例》特别强调，条例施行前依法颁布的各类不动产权属证书和制作的登记簿继续有效。

3. 关于登记程序

为贯彻落实党中央，国务院关于简政放权，在服务中实施管理、在管理中实现服务的要求，本着简化程序、方便群众的原则，《条例》规定，一是充分尊重申请人的意愿，允许申请人在特定情形下可以单方提出登记申请，在登记机构登记前还可以自愿撤回登记申请。二是要求登记机构公开申请登记所需材料目录和示范文本等信息，为申请人提供便利。三是规范受理，要求登记机构收到申请材料进行初步审查；申请人可以当场更正错误的，当场受理；登记机构未一次性告知申请人需要补正内容的，视为符合受理条件。四是登记机构能够通过互通共享取得的信息，不得要求申请人重复提交。

4.关于登记信息共享与保护

统一不动产登记信息平台是不动产统一登记工作的重要内容，为加强登记信息共享与保护，《条例》专设一章作出规定，一是要求国务院国土资源主管部门牵头建立统一的不动产登记信息管理基础平台，各级登记机构的信息要纳入统一基础平台，实现信息实时共享。二是国土资源、公安、民政等有关部门要加强不动产登记有关信息互通共享。三是明确权利人、利害关系人、有关国家机关有权依法查询、复制不动产登记资料。四是对查询获得的不动产登记信息，资料的使用进行规范。

第六节　地籍档案管理

一、地籍档案管理概述

(一)地籍档案管理的内涵与特点

地籍档案管理主要是对地籍信息管理系统中的地籍调查、土地登记、土地统计、土地评等定级、土地监测等各部分在系统运行过程中直接形成的，具有保存价值的文字、图表、音像等数据材料进行管理，同时包括对地籍综合档案的管理，即管理活动中涉及面广或无法归档的文字材料。

地籍档案作为地籍管理工作的历史写照，记录了各个历史阶段和各个方面地籍管理工作的真实面貌，储存着大量的、历史的、真实的地籍工作信息资源，有着广泛的社会作用。

地籍档案具有数量大、形式多样、保存分散的特点。各级土地管理机关在进行地籍管理活动中产生大量的地籍管理文件材料，尤其是在地籍管理工作中进行的土地利用现状调查、城镇地籍调查以及土地登记发证，面广量大，涉及城镇、农村的千家万户，这些文字材料经过立卷归档后，一个县的数量即可达上万卷。而且地籍档案的形式也是多种多样的，例如文字、图表，胶片磁带、磁盘、光盘、硬盘等。

1. 成套性

地籍档案的成套性是由地籍档案的自然形成规律所决定的。例如，土地利用现状调查形成的准备工作阶段的材料；外业调绘形成的外业调绘手簿，权属界线协议书、图纸、航片等资料；内业整理形成的航片转绘、面积量算材料以及土地利用现状调查成果形成的土地利用现状图、土地利用现状调查报告，检查、验收、鉴定材料，都是围绕土地利用现状调查这一专业活动先后形成的。它们之间有着密不可分的联系，只有将它们按形成规律成套地收集、整理，才能反映出土地利用现状调查这一专业活动的全过程。

2. 跨年度、形成周期长

地籍管理工作中有些专业技术活动历时较长，往往跨年度才能完成，如土地利用现状调查、城镇地籍调查、土地遥感动态监测等，有的要跨一两年，有的甚至需要三四年才能结束。

3. 动态性和现势性

动态性和现势性是地籍档案区别于其他土地档案最突出的特点。由于受自然因素和社会经济发展变化的影响，土地的数量、质量、分布和使用情况都处在经常变化之中，因此，记载地籍管理活动的地籍档案就具有动态性和现势性的特点。例如，在初始土地登记之后，土地产权及土地用途等发生变更时，登记名义人应及时向土地所在地的土地登记机关申请变更登记，土地登记机关在办理变更土地登记手续时，需调阅土地登记档案，并根据变更结果更新相应地籍图、土地登记簿、土地登记归户册等文件资料上的有关内容。土地登记文件资料更新是一项经常性的工作，土地登记工作的这个特点使得地籍档案具有动态性和现势性特点。

4. 兼容性

地籍管理历来是一项政策性、技术性很强的工作，不仅要运用行政、法律的手段，还要充分运用测绘、遥感和电子计算机等工程技术手段，尤其是地籍测量、地籍数据库的建立、遥感动态监测等，更需要应用现代的技术手段。因此，反映地籍管理活动的地籍档案便同时具有文书档案和科技档案的特点，而且也具有历史档案的特点，互相交叉，是一种专门档案。

5.越到基层数量越多、工作量越大

由于土地利用现状调查、城镇地籍调查、土地登记等大量的具体工作是在基层展开的，因此，市、县、乡级土地行政主管部门及事业单位形成的地籍档案数量浩大，形式多样。市、县、乡级地籍管理人员和档案人员应做好本单位档案的收集、整理工作，设置专门库房，配备专、兼职档案人员，建章立制，不断提高地籍档案的现代化管理水平。

地籍档案有其固有的特性，在地籍档案立卷归档时，要按其固有的特性，科学分类，系统整理，集中统一保管，维护地籍档案的完整与安全，以便充分发挥地籍档案在地籍管理活动乃至国土资源管理工作中的重要作用，为经济可持续发展做出贡献。

(二) 地籍档案管理的内容与任务

地籍档案管理是以地籍档案为对象进行的收集、整理、鉴定、保管和利用等工作的总称。

地籍档案管理的基本任务是按照集中统一管理档案的原则和要求，科学地管理地籍档案，为本部门及国家有关业务部门提供服务。地籍档案管理应按《土地管理档案工作暂行规定川县级土地管理档案分类方案 (试行)》和《土地管理档案案卷构成的一般要求》的相关规定，积极做好地籍档案的收集、整理归档、保管、统计和利用工作，努力实现管理手段的现代化。档案管理的任务要通过收集、整理、鉴定、保管、统计和利用六项工作来实现，前五项是基础性工作，它们为利用提供物质基础，创造工作条件。利用是档案管理的目的和方向，没有利用，基础性工作也就失去了存在的意义和目标。

(1) 档案收集就是把那些具有利用价值的调查、登记、统计等的文字图纸、表、册卡、音像及其他有关文件材料，在任务完成后，收集齐全，集中保存起来。为了便于保存和系统地提供利用，需要把收集起来的文件材料进行分门别类的立卷归档。档案的收集工作是档案管理的起点。

（2）档案的整理工作是把凌乱、分散的地籍相关材料，进行系统化、条理化整理。

（3）档案的鉴定是指对保存的档案去粗取精，确定档案的保存价值。

（4）为了更长远地利用档案，需要对档案采取保护措施，延长档案的使用寿命，保管工作就是使档案保持完整与安全的一项经常性工作。

（5）档案统计是以数字形式反映档案数量、状况的基础工作。

（6）提供利用是档案管理的目的，是档案管理工作水平的集中体现。

二、地籍档案管理流程

地籍档案管理的流程主要包括地籍档案的收集、整理、鉴定、保管、统计和利用，其中前五项是基础性工作，后一项是管理档案的目的。

（一）地籍档案的收集

地籍档案收集就是对那些分散在各部门、机关、单位与个人手上的，具有保存和利用价值的土地调查、登记、统计等的文字、图纸、表、册、卡、音像及其他有关文件材料，按一定制度和要求进行采集、接收和归档。

地籍档案收集范围包括：

（1）在地籍管理活动中形成的综合性文件材料，如各项工作的通知、决定、请示、批复、会议文件、纪要、工作计划、总结、简报、各种培训教材、技术规程及其有关的音像制品等，凡有查考价值的都要整理归档。

（2）凡是在地籍管理业务活动中形成和使用完毕的、具有查考价值的各种图件资料，包括外业调绘底图、航片、地形图、外业调查草图、清绘图、地籍原图、复制图、宗地图，以及各种成果图、编绘的图件等，均应按规定收集归档。

（3）在地籍管理中形成的野外调查、测量或清丈的记录、计算数据和成果检查、验收，技术鉴定材料，以及土地权属调查、土地清查、土地登记、土地统计、土地定级估价等的各种表、册、簿、卡、台账、证明文据、协议书、原由书、仲裁书和存根等，凡对今后有参考价值的都要整理归档。

对地籍档案的收集和归档时间，《土地管理档案工作暂行规定》规定：

（1）土地调查、登记、建设用地、案件处理或其他项目，在任务完成后，将该项目应归档的文件材料收集齐全，组成保管单位，由项目负责人审定后，向档案室(部门)归档。

(2)土地管理工作形成的其他应归档的文件材料，收集齐全，组成保管单位，由各职能部门负责人审定后，在第二年上半年向档案部门归档。

(二)地籍档案的整理

地籍档案的整理是对纷繁、凌乱的地籍材料进行条理化、系统化整理的工作。地籍管理档案整理的工作程序主要包括分类、立卷、案卷排列和案卷目录的编制等。

立卷就是依据地籍管理活动中原始材料的构成特点，将具有某方面共同点和联系密切的文件综合在一起组成一个案卷。具体有按问题、时间、行政区域或地理特征组卷。一般采用多种方法组合进行立卷。

案卷排列是确定案卷的前后次序和置放的位置，以保持各案卷之间的有机联系。具体做法是按照分类方案进行排列，将地籍管理档案全部存放在一起，在档案箱、柜、架以及栏、格的编号确定后，组织各类地籍管理档案顺序上架。农村地籍管理档案按乡、村、队使用者结合年度排列，城镇地籍管理档案按城区、街道、街坊，使用者结合年度排列。

案卷目录的编制，又称案卷编目，是档案整理的重要内容之一，也是档案整理的最后程序。编目就是在全部地籍管理档案确定案卷的前后次序和置放的位置后，将案卷逐个登记，并编制成各种目录的工作。值得注意的是，在宗地权属、自然状况发生变化时，需要对原有归档文件材料按程序和有关规定附加、补充和变更，这种情况必须在备考表中注明。

(三)地籍档案管理的鉴定

地籍档案的鉴定包括对地籍档案真伪的鉴定和对地籍档案价值的鉴定两个方面。鉴定地籍档案的价值，主要是指确定档案的保留期限，剔除失去保存价值的档案，并予以销毁。主要包括以下步骤和内容。

1.鉴定地籍档案的价值

一般认为，只有内容重要，有较大的查考、利用价值和凭证作用的地籍档案才具有保存的价值。地籍档案的保存价值取决于其自身的特点和作用。

如土地登记类的档案，主要内容是反映土地权属的确定与变更，主要形式有登记表卡证、地籍图和法律凭证等，起着长久性的法律凭据作用。如土地调查类和土地统计类，主要内容是各类土地的面积数据及其分布的图件，对国家各部门的工作具有重要的参考或依据的价值。

2. 确定地籍档案的保管期限

地籍档案与其他各类土地管理档案的保管期限分为永久保存、长期保存和短期保存三种。凡是具有重要凭证和长久查考、利用价值的作为永久保存；凡在 30～50 年内具有查考、利用、凭证作用的为长期保存；凡在 30 年内具有查考、利用、凭证作用的为短期保存。

3. 地籍档案的销毁

将毫无保存价值或者保存期满、已经失去继续保存的价值和意义的地籍文件材料进行剔除与销毁。销毁地籍档案时必须严格把关，销毁清册时，须经主管领导批准，并在销毁清册上签字。销毁档案的登记表包括登记的顺序号、案卷或地籍文件材料的标题、起止日期、号码、数量和备考等。

（四）地籍档案的保管

地籍档案的保管是指根据地籍档案的特点内容而采取的存放和安全防护的措施。地籍档案的保管是档案室的日常性工作，是土地档案保管和利用不可分割的一部分，对于防止档案的损坏、延长档案的使用寿命，维护档案的完整和安全具有至关重要的作用。

地籍档案保管工作的主要内容包括：

1. 库房的建设与管理

根据地籍档案的贮藏量大、使用频繁等特点，需要设有专库保管，分库管理。库房要求具有良好的卫生环境和适当的温度、湿度；要求具有防盗、防火、防晒、防尘、防有害生物和防污染等安全措施作为保障；还要求定期进行库藏档案的清理核对工作，做到账物相符。分库管理的，库房要统一编号；档案架（柜）要排放整齐，便于档案的搬运、取放和利用，符合通风和安全的技术要求。

2. 档案流动过程中的保管

地籍档案在收集、整理、鉴定、统计和提供利用的过程中，可能会受到不利因素的损害，如磨损、受潮、丢失、泄密等，因此，地籍档案流动过程中的保护十分重要，是地籍档案保管工作的必要组成部分。

3. 保护档案的专门技术措施

为延长地籍档案的使用寿命，应当对破损或载体变质的档案进行及时的修补和复制。一般档案要用卷皮、卷盒等材料重新装订；胶片、照片、磁带等材料则要采用特定的器具存放。

地籍图、土地利用现状图等底图除修改、送晒外，一般不得外借。修改后的地籍图、土地利用现状图等底图入库时，要认真检查其修改、补充的情况，必须做到：修改、补充图纸要有审批手续；修改内容较少时，可直接采用在图面修改处标注"修改标记"；修改内容较多时，应当另绘新图，原图存档，作为原始资料保存。

(五) 地籍档案的利用

地籍档案的利用包括编制地籍档案检索工具和地籍档案提供利用两大部分。地籍档案检索工具是提供查询和储存地籍档案的一种手段，使用者可通过它迅速查找到必要的文件材料，档案保管人员也可通过它查找或系统地向使用者提供地籍档案。地籍档案检索工具由档案室统一编制，以实现土地管理档案的集中、统一管理。地籍档案检索工具主要有分类目录、专题目录及各种索引等。

地籍档案的借阅可分为内部借阅和外部借阅两种。借阅档案要严格遵守借阅制度，认真填写借阅登记表，土地登记档案可以按规定公开查询。

凡需要借阅地籍档案的，先由使用者查找目录卡片，提出所借档案的名称、分类号、宗地号等，然后由工作人员依据编号到库房查找并取出；使用者必须填写借阅簿上的借阅内容之后方可借出。

凡是利用地籍档案的单位和个人，都必须爱护地籍档案，不得遗失、涂改、拆散、剪裁、勾画、批注和转借。

地籍档案归还时，工作人员应进行清点检查，确认完整无误后，方能签收、注销，再把档案放回原处。如若发现有损坏，应当及时追查责任，严肃处理。

地籍档案的编研工作是以档案室的库藏档案为主要对象，以满足社会利用地籍档案的需要为目的，在研究档案内容的基础上，汇编和出版地籍档案史料，编制参考资料，参加编史修志，撰写专门著作的一项编辑研究性工作。

三、地籍电子档案

近年来，国土资源主管部门开展了大量的国土资源调查，产权确认方面的工作，如第二次土地调查、城镇地籍调查、农村集体土地确权、宅基地使用权确权登记等。相关工作的开展都需要留存的有关地籍档案作为支撑或协助，而所需的大量地籍档案存在形式多样、保存不集中、保存媒介多为纸质，有一些档案由于年代久远，不同程度上存在缺失或破损等诸多问题，这些都为国土资源管理工作带来了诸多不便，特别是涉及权属方面，更是容易产生权属纠纷。

由于地籍档案中记载了每块宗地的权属地线、界址拐点位置等空间和非空间数据，因此地籍档案为调整土地关系、合理组织土地利用提供基本依据信息。随着信息化进程的加快，互联网和计算机技术的飞跃发展，地籍档案管理也面临着新的发展机遇，而地籍电子档案建设便是顺应技术发展和管理现代化的必然产物，不仅可以全面存储地籍档案信息，提高查询、检索效率，更能推动地籍档案管理的质量和水平的提高，而且对发挥地籍档案在国土资源管理工作中的重要地位具有积极的意义。

地籍电子档案是地籍档案管理工作的一个重要飞跃，作为地籍档案管理的一种新型管理形式，数字地籍在一定程度上拓展了传统地籍的应用范畴，能满足土地确权、土地规划、评估、智慧城市的建设需要。要推进地籍电子档案的建设工作，则应加快地籍档案数据库建设工作，统一标准，统一部署，进一步提高工作质量和效率。地籍电子档案的建设，是一个地籍信息不断数字化的过程，也是地籍服务不断实现网络化的过程，更是管理手段走向信息化的过程。

地籍电子档案管理应遵循档案收集、整理、保管、利用、鉴定统计等管理原则。它与纸质等载体档案有很大区别，其记录形式是数字序列。任何地籍电子档案，当使用技术和设备将信息内容记录在磁性材料或光盘等载体后，就永远离不开这种技术和设备，它不能离开这种生成环境和设备而单独存在。人们只有采用这种记录档案信息内容的技术和设备，进行逆处理还原、输出，才能识别它的信息内容。

地籍电子档案的长期保存，确实非常困难，需要有不断更新的技术和设备作保障。电子文件归档及电子档案管理需要有技术和设备，电子档案的生命周期视电子档案内容而定，而保证电子档案生命周期的存在，却取决于载体的寿命、电子计算机软硬件的生存周期和载体所载档案与电子计算机软硬件平台的一致性。因此，电子档案管理是一项极其复杂的技术工程。

地籍电子档案系统是以现代信息管理技术、缩微技术、扫描技术、图像处理技术、存储技术、数据库及网络技术等，实现档案管理工作中的收集、整理、鉴定、保管、检索、利用、统计等工作。地籍电子档案系统具有系统管理、数据更新、数据查询、数据统计、数据输出和地图显示等功能。

1. 系统管理

（1）路径设置：建立或修改系统支撑环境的路径说明文件。

（2）安全设置：设置用户和用户权限。

2. 数据更新

（1）档案扫描数据输入：档案扫描数据的录入、修改和更新，并维护与其他数据的一致性。

（2）档案数据库表输入：档案数据库表的录入、修改和更新，并维护与其他数据的一致性。

（3）地图输入：地图数据的更新。考虑到地图数据处理的复杂性和技术难度，地图数据更新采用数据文件替换的方式。

3. 数据查询

查询方式有：由图形查属性、所有表格属性的查询、宗地属性查询、由属性查图形、宗地号查询、土地证号查询，通过审批表的属性查询宗地图，通过地名库进行地名查询图形、历史查询、单宗地历史追溯、整图历史查询、多个时期历史同时查询等。查询内容有：宗地属性的查询、土地登记电子档案的浏览（包括主档案、变更档案、查封档案等）。

4. 数据统计

统计方式有地图范围统计（统计任意矩形范围内的宗地数据），对所有表格的属性进行条件统计，按街坊、街道或区进行统计等。

5. 数据输出

（1）各种查询统计信息的表格输出和打印。

（2）查询宗地图形输出和打印。

（3）查询档案的输出和打印。

6. 地图显示

（1）地图浏览：实现地图的漫游、放大、缩小、全图查看功能。

（2）图层管理：提供对图层的显示、锁定等控制，使用户可以加快地图的显示速度和合理安排图形显示区，并且可以根据自己的要求更改图层颜色。

第三章　地籍控制测量

第一节　国家坐标系与地方独立坐标系

一、国家坐标系

（1）1954 年北京坐标系。新中国成立以后，我国大地测量进入了全面发展时期，为满足国家建设的需要，我国采用了苏联的克拉索夫斯基椭球参数，其为长半轴 $a=6378245m$，扁率 $f=1/298.3$，并与苏联 1942 年坐标系进行联测，通过计算建立了我国大地坐标系，定名为 1954 年北京坐标系。1954 年北京坐标系为参心坐标系，其原点在苏联的普尔科沃。与 1942 年苏联普尔科沃坐标系所不同的是，1954 年北京坐标系的高程异常是以苏联 1955 年大地水准面差距重新平差结果为起算值，且以 1956 年青岛验潮站求出的黄海平均海水面为基准面，按我国的天文水准路线传算出来的。

（2）1980 西安坐标系。由于 1954 年北京坐标系大地原点距我国甚远，在我国范围内该参考椭球面与大地水准面存在明显的差距，在东部地区最大达 68m 之多。因此，1978 年 4 月在西安召开全国天文大地网平差会议，确定重新定位，其数值为 1975 年国际大地测量与地球物理联合会第十六届大会推荐的数据。

该坐标系也是一种参心坐标系，其大地原点设在我国中部的陕西省泾阳县永乐镇，位于西安市西北方向约 60km，故又称 1980 西安坐标系。基准面采用青岛大港验潮站 1952—1979 年确定的黄海平均海水面（1985 国家高程基准）。

（3）2000 国家大地坐标系。随着社会的进步、科技的发展，参心坐标系已不适合建立全球统一坐标系，不便于阐明地球上各种地理和物理现象，特别是空间物体的运动。现在利用空间技术所得到的定位和形象成果都是以地心坐标系为参照系，迫切需要采用原点位于地球质量中心的地心坐标系作为国家大地坐标系。为此，国家测绘局公布自2008年7月1日起启用2000国家大地坐标系。2000国家大地坐标系是全球地心坐标系在我国的具体体现，其原点为包括海洋和大气的整个地球的质量中心。

（4）WGS-84坐标系。WGS-84坐标系是一种国际上采用的地心坐标系，由美国国防部研制确定的，是一种协议地球坐标系。

WGS-84坐标系的几何定义是：坐标系的原点是地球的质心，Z轴指向BIH（国际时间)1984.0定义的协议地球极（CTP）方向，X轴指向BIH1984.0的零子午面和CTP赤道的交点，Y轴和Z、X轴构成右手坐标系。

二、地方独立坐标系

地籍测量工作中应首先尽可能采用国家统一坐标系，当测区远离中央子午线或横跨两带，或由于测区平均高程较大，而导致长度投影变形较大，难以满足精度要求时，采用国家坐标系会带来许多不便。因此，基于限制变形，以及方便实用、科学的目的，在实际工作中往往会建立适合本测区的地方独立坐标系。这时可以选择测区中央某一子午线作为投影带的中央子午线，由此建立任意投影带独立坐标系。这既可使长度投影变形小，又可使整个测区处于同一坐标系内，无论对提高地籍图的精度还是拼接以及使用都是有利的。当投影变形值小于2.5cm/km时，可不经投影直接建立独立坐标系，可采用以下几种方法。

（1）用国家控制网中的某一点坐标作为原点坐标，某边的坐标方位角作为起始方位角。

（2）从中、小比例尺地形图上用图解方法量取国家控制网中一点的坐标或一明显地物点的坐标作为原点坐标，量取某边的坐标方位角作为起始方位角。

（3）假设原点的坐标和一边的坐标方位角作为起始方位角。

第二节 地籍平面控制测量

一、地籍控制测量的原则

地籍控制测量必须遵循"从整体到局部、由高级到低级、分级控制（或越级布网)"的原则。

《城镇地籍调查规程》规定:"地籍平面控制测量应尽量采用国家统一坐标系,条件不具备的地方也可采用地方坐标系或独立坐标系。"地籍控制测量分为地籍基本控制测量和地籍图根控制测量两种。地籍基本控制测量可采用三角网(锁)、三边网、导线网和 GPS 相对定位测量网进行施测,施测的地籍基本控制网点分为一、二、三、四等和一、二级。精度高的网点可作精度低的控制网的起算点。在基本控制网的基础上,再布设地籍图根控制网,以加密控制满足测量界址点的需要,地籍图根控制测量主要采用导线网和GPS 相对定位测量网施测,施测的地籍图根控制网点分为一、二级。

二、地籍控制点的精度和密度

1. 地籍控制点的精度

地籍平面控制在精度上要满足测定宗地界址点坐标精度的要求,在密度上要满足权属界址等地籍细部测量的要求。

地籍平面控制测量的精度是以界址点的精度和地籍图的精度为依据而制定的,与地籍图的比例尺精度无关。《城镇地籍调查规程》规定:"四等网中最弱相邻点的相对点位中误差不得超过 ±5cm,四等以下网最弱点(相对于起算点)的点位中误差不得超过 ±5cm。"

2. 地籍控制点的密度

平面控制点的密度与测图比例尺无直接关系,应根据界址点的精度和密度以及地籍图测图比例尺和成图方法等因素综合确定,但还应考虑到地籍测量的特殊性,满足日常地籍管理的需要。地籍控制点密度的确定必须首先保证满足界址点测量的要求,再考虑测图比例尺所要求的控制点密度,最小密度应符合《城市测量规范》的要求。在通常情况下,地籍控制网点的密度为:

(1)城镇建城区:100～200m 布设三级地籍控制。

(2)城镇稀疏建筑区:200～400m 布设二级地籍控制。

(3)城镇郊区:400～500m 布设一级地籍控制。

在旧城居民区,内巷道错综复杂,建筑物多而乱,界址点非常多,在这种情况下应适当地增加控制点和埋石的密度和数目,以满足地籍测量的需求。

三、地籍控制测量的主要技术要求

地籍控制测量可采用三角网（锁）、三边网、导线网和 GPS 网等进行施测，根据不同的施测方法，各等级地籍基本控制网点的主要技术指标也各不相同。

四、地籍平面控制测量的方法

(一) 利用 GPS 卫星定位技术布测地籍基本控制网

GPS 卫星定位技术的迅速发展，给测绘工作带来了革命性的变化，也给地籍测量工作，特别是地籍控制测量工作带来了巨大的影响。由于 GPS 技术具有布点灵活、全天候观测、观测及计算速度快、精度高等优点，使 GPS 技术已逐步发展成为控制测量中的主导技术手段与方法。在实际工作中一般分为以下几个工作阶段。

1. 准备工作

（1）已有资料的收集与整理。主要收集测区基本概况资料、测区已有的地形图、控制点成果、地质和气象等方面的资料。

（2）GPS 网形设计。根据测区实际情况和测区交通状况确定布网观测方案，GPS 网应由一个或若干个独立观测环构成，以增加检核条件，提高网的可靠性，可按点连式、边连式、边点混合连接式、星形网、导线网、环形网基本构网方法有机地连接成一个整体。其中点连式、星形网、导线网附合条件少，精度低；边连式附合条件多，精度高，但工作量大；边点混合连接式和环形网形式灵活，附合条件多，精度较高，是常用的布设方案。

2. 选点和埋石

由于 GPS 观测站之间不需要相互通视，所以选点工作较常规测量要简便得多。但是，考虑到 GPS 点位的选择对 GPS 观测工作的顺利进行并得到可靠的效果有重要的影响，所以应根据测量任务、目的、测区范围对点位精度和密度的要求，充分收集和了解测区的地理情况及原有的控制点的分布和保存情况，尽量选点在视野开阔，远离大功率无线电发射源和高压线及对电磁波反射（或吸收）强烈的物体，地面基础坚固，交通方便的地方。选好点位后，应按要求埋设标石，以便保存，为了使用方便，最好至少能与另一埋石点通视。

3. GPS 外业观测

（1）选择作业模式。为了保证 GPS 测量的精度，在测量上通常采用载波相位相对定位的方法。GPS 测量作业模式与 GPS 接收设备的硬件和软件有关，主要静态相对定位模式、快速静态相对定位模式、伪动态相对定位模式和动态相对定位模式四种。

（2）天线安置。测站应选择在反射能力较差的粗糙地面，以减少多路径误差，并尽量减少周围建筑物和地形对卫星信号的遮挡。天线安置后，在各观测时段的前后各量取一次仪器高。

（3）观测作业。观测作业的主要任务是捕获 GPS 卫星信号并对其进行跟踪、接收和处理，以获取所需的定位信息和观测数据。

（4）观测记录与测量手簿。观测记录由 GPS 接收机自动形成，测量手簿是在观测过程中由观测人员填写。

4. 内业数据处理

（1）GPS 基线向量的计算及检核。GPS 测量外业观测过程中，必须每天将观测数据输入计算机，并计算基线向量。计算工作是应用随机软件或其他研制的软件完成的。计算过程中要对同步环闭合差、异步环闭合差以及重复边闭合差进行检查计算，闭合差符合规范要求。

（2）GPS 网平差。GPS 控制网是由 GPS 基线向量构成的测量控制网。GPS 网平差可以以构成 GPS 向量的 WGS-84 系的三维坐标差作为观测值进行平差，也可以在国家坐标系中或地方坐标系中进行平差。

5. 提交成果

提交成果包括技术设计说明书、卫星可见性预报表和观测计划、GPS 网示意图、GPS 观测数据、GPS 基线解算结果、GPS 基点的 WGS-84 坐标、GPS 基点的国家坐标中的坐标或地方坐标系中的坐标。

（二）利用全站仪进行地籍基本控制测量

在城镇地区，由于建筑物密集，在地面进行 GPS 测量信号死角多，所以 GPS 测量往往具有一定难度。而导线测量则布设灵活，实施方便，通常使用 GPS 做完首级控制后，再利用全站仪加密控制点。导线测量的布设形式一般为单一导线或导线网。具体操作分为以下几个步骤。

（1）收集资料、实地踏勘。收集本测区的资料，包括小比例尺地形图和去测绘管理部门抄录已有控制点成果，然后去测区踏勘，了解测区行政隶属、气候及地物、地貌状况、交通现状、当地风俗习惯等。同时踏勘测区已有控制点，了解标石和标志的完好情况。

（2）技术设计。根据测区范围、地形状况、已有控制点数量及分布，确定全站仪导线的等级和规程，拟定技术设计。既要考虑控制网的精度，又要考虑节约作业费用，也就是说在进行控制网图上选点时，要从多个方案中选择技术和经济指标最佳的方案，这就是控制网优化问题。

（3）选点埋石。根据图上设计进行野外实地选点时应尽量选在土质坚实、视野开阔、相邻点间通视良好的地方，同时要有足够的密度，点位分布力求均匀，为了长期保存点位和便于观测工作的开展，还应在所选的点上造标理石，绘制点之记。

（4）外业观测。采用全站仪施测导线时，其主要工作是进行水平角和边长观测。

（5）平差计算。计算是根据观测数据通过一定方法计算出点的空间位置。计算之前，应全面检查导线测量外业记录，数据是否齐全、可靠，成果是否符合精度要求，起算数据是否准确。控制网的平差计算可以利用平差软件来完成，如清华山维 NASEW、南方平差易。

运用清华山维平差软件 NASEW 进行图根控制平差计算的一般处理过程为：

1）数据输入。可以是键入整理好的观测记录，也可以是从 ELER 生成的 MSM 文件。

2）概算。完成全网的坐标高程计算，或反算观测值，归心改正，投影改化等，并能计算控制网的各种路线闭合差，以方便对观测质量的评价和粗差定位。

3）平差。在选择平差中设置先验误差，进行单次平差或验后定权法平差。

4）精度评定。NASEW 对所有点和边进行精度评定，还可对用户指定的边进行评定。

5）成果输出。根据打印机和纸张的设置，以及所选的字体、NASEW 自动设计和调整每页输出的内容和网图等，并提供了模拟预显功能。

（三）图根控制测量

图根控制测量是为满足地籍细部测量和日常地籍管理的需要，在基本控制（首级网和加密控制网）点的基础上进行加密，其控制成果直接供测图及测量界址点使用。地籍图根控制点的精度和密度应满足界址点坐标测量的精度要求，特别对于城镇建筑物密集、错综复杂、条件差的地区，应根据地籍细部测量的实际要求，适当增加图根控制点的密度。

地籍图根控制测量不仅要为当前的地籍细部测量服务，同时要满足日常地籍管理的需要，因此在地籍图根控制点上应尽可能埋设永久性或半永久性标志。地籍图根控制点在内业处理时，应有示意图、点之记描述。

地籍图根控制测量通常采用图根导线测量的方法，导线布设形式可以是附合导线、闭合导线，也可以是无定向导线和支导线。同时，随着 GPS-RTK（Global Positioning SystemReal-time kinematic）技术的日益成熟，利用 GPS-RTK 进行图根控制测量已经普遍应用与实际工作中，利用 RTK 进行控制测量不受天气、地形、通视等条件的限制，操作简便、机动性强、工作效率高、大大节省人力，不仅能够达到导线测量的精度要求，而且误差分布均匀，不存在误差积累问题，是其他方法无法比拟的。

GPS-RTK 定位技术是基于载波相位观测值的实时动态定位技术，它能够实时实地获得测站点在指定坐标系中的三维定位结果，完全满足界址点对邻近图根点位中误差及界址线与邻近地物或邻近界线的距离中误差不超过 10cm 的精度要求，而且误差分布均匀，不存在误差积累问题。采用 GPS-RTK 来进行控制测量，能够实时知道定位精度，大大提高作业效率，在实际生产中得到非常广泛的应用。

GPS-RTK 定位的基本原理是在基准站上设置 1 台 GPS 接收机，对所有可见 GPS 卫星进行连续的观测，并将已知的 WGS-84 坐标和观测数据实时地用数传电台或 GPRS/CDMA 数传终端实时地传输给流动站，在流动站上，GPS 接收机在接收 GPS 卫星信号的同时，通过无线电接收设备接收基准站传输的观测数据，通过差分处理实时解算载波相位整周模糊度，得到基准站和流动站之间的坐标差△X、AY、△Z，坐标差再加上基准站坐标得到流动站的 WGS-84 坐标，最后通过坐标转换参数求出流动站每个点在相应坐标系的坐标。基准站和流动站必须保持 4 颗以上相同卫星相位的跟踪和必要的几何图形，流动站则随时给出厘米级定位精度。

（1）收集测区已有控制成果，主要包括控制点的坐标、等级，中央子午线，采用的坐标系统等。

（2）计算转换参数。GPS-RTK 测量要实时得出待测点在国家统一坐标系或地方独立坐标系中的坐标，就需要通过坐标转换将 GPS 观测的 WGS-84 坐标转换为国家平面坐标或者独立坐标系坐标。对于 WGS-84 坐标到国家平面坐标（如北京 54 坐标）的转换，我们可以采用高斯投影的方法，这时需要确定 WGS-84 与国家平面坐标（如北京 54 坐标）两个大地测量基准之间的转换参数（三参数或七参数），需要定义三维空间直角坐标轴的偏移量和旋转角度并确定尺度差。但通常情况下，对于一定区域内的工程测量应用，我们往往利用以往的控制点成果求取"区域性"的地方转换参数。

（3）基准站架设及设置。GPS-RTK 定位的数据处理过程是基准站和流动站之间的单基线处理过程，基准站和流动站的观测数据质量好坏、无线电的信号传播质量好坏对定位结果的影响很大，因此基准站位置的选择尤为重要。基准站一般要架设在视野比较开阔、周围环境比较空旷、地势比较高的地方，如山头或楼顶上；避免架设在高压输变电设备、无线电通信设备收发天线、树林等对 GPS 信号的接收以及无线电信号的发射产生较大影响的物体附近。GPS-RTK 测量中，流动站随着基准站距离增大，初始化时间增长，精度将会降低，所以流动站与基准站之间距离不能太大，一般不超过 10km 范围。

基准站的设置含建立项目和坐标系统管理、基准站电台频率选择、GPS-RTK 工作方式选择、基准站坐标输入、基准站工作启动等，以上设置完成后，可以启动 GPS-RTK 基准站，开始测量并通过电台传送数据。

（4）流动站设置。主要包括建立项目和坐标系统管理、流动站电台频率选择、有关坐标的输入、GPS-RTK 工作方式选择、流动站工作启动等。以上设置完成后，可以启动 GPSRTK 流动站，开始测量作业。

（5）测量前的质量检查。为了保证 GPS-RTK 的实测精度和可靠性，必须进行已知点的检核，避免出现作业盲点。研究表明，GPS-RTK 确定整周模糊度的可靠性最高为95%，GPS-RTK 比静态 GPS 还多出一些误差因素如数据链传输误差等，更容易出错，必须进行质量控制。我们一般采用已知点检核和重测比较的方法，确认无误符合要求后再进行 GPS-RTK 测量。

（6）内业数据处理。数据传输就是在接收机与计算机之间进行数据交换。GPS-RTK 测量数据处理相对于 GPS 静态测量简单得多，如用 TGO（Trimble Geomatics Office）软件处理接收机导入 DAT 格式的测量数据直接可以将坐标值以文件的形式输出和打印，得到控制点成果。

第三节　地籍高程控制测量的方法

在通常的情况下，地籍测量的地籍要素是以二维坐标表示的，不必测量高程。但在某些情况下，土地管理部门可以根据本地实际情况，有时要求在平坦地区测绘一定密度的高程注记点，或者要求在丘陵地区和山区的城镇地籍图上表示等高线，以便使地籍成果更好地为经济建设服务。高程控制测量一般采用水准测量和三角高程测量的方法进行。

一、水准测量

城市高程控制测量分为二、三、四等。根据城市范围的大小，城市基本控制网可以布设成二等或三等，用三等或四等水准网做进一步加密，在四等或四等以下布设直接为地籍细部测量用的图根水准网。在一般情况下，对于小区域高程控制测量可以以国家和城市等级水准点为基础，建立四等水准网或水准路线，用图根水准测量或三角高程测量的方法测定图根点的高程。

二、光电测距三角高程测量

三角高程测量是通过观测垂直角和距离推算两点间高差的一种高程测量方法，它具有测定高差速度快、操作简便灵活、不受地形条件限制等优点，特别是在高差较大、水准测量困难的地区有很大的优越性。

三角高程测量一般是在平面控制网的基础上布设成光电测距三维控制网，把测水平角、垂直角和测距同时进行，一次性完成平面和高程控制。以代替四等水准的光电测距三角高程测量为例，光电测距三角高程测量应起闭于不低于三等的水准点上，在四等导线的基础上布设成光电测距三维控制网，各边的高差均应采用对向观测。边长的测定采用测距精度不低于5mm+5×10⁻⁶D 的测距仪往返观测两个测回，每测回为照准一次读数四次，垂直角的观测可采用2″仪器中丝法观测 4 个测回，两次读数互差不应大于3″，各测回互差和指标差互差不应大于6″，仪器高、棱镜高或觇牌高应在测前和测后用量测杆测量两次，估读至 0.5mm，两次测量互差不得大于 1mm，对向观测高度之差不应大于 30√D（D 为测边水平距离，单位 km），环线或附合路线闭合差及应符合四等水准测量的要求。

第四节　界址测量

界址测量是在权属调查和地籍控制测量的基础上进行的，是地籍测量工作的重要组成部分，其目的是核实、测定宗地权属界址点和土地权属界线的位置、形状、面积、利用状况等基本情况，为土地登记、核发权属证书和依法管理土地提供基础资料。

在进行界址测量的同时还应进行其他地籍要素测量，内容包括主要建筑物、构筑物、河流、沟渠、湖泊、道路等，需通过测量的方法确定其平面位置，并在地籍图上表示出来。

一、界址测量的精度要求

界址点坐标是在某一特定的坐标系中界址点地理位置的数学表达。它是确定宗地地理位置的依据，是量算宗地面积的基础数据。界址点坐标对实地的界址点起着法律上的保护作用，一旦界址点标志被移动或破坏，则可根据已有的界址点坐标，用测量放样的方法恢复界址点的位置，如把界址点坐标输入计算机，则可以方便地进行管理和用于规划设计。

界址点坐标的精度可根据土地经济价值和界址点的重要程度来加以选

择。《城镇地籍调查规程》将城镇地区的权属界址点分为两类，街坊外围界址点及街坊内明显界址点为一类，街坊内部隐蔽界址点及村庄内部界址点为二类。

二、界址测量的方法

界址点测量的方法一般有解析法和图解法两种。但无论采用何种方法获得的界址点坐标，一旦履行确权手续，就成为确定土地权属主用地界址线的准确依据之一。界址点坐标取位至 0.01m。

解析法是根据角度和距离测量结果按公式解算出界址点坐标的方法。地籍图根控制点及以上等级的控制点均可作为界址点坐标的起算点。可采用极坐标法、正交法、截距法、距离交会法等方法实测界址点与控制点或界址点与界址点之间的几何关系元素，按相应的数学公式求得界址点坐标。在地籍测量中要求界址点精度为 ±0.05m 时必须解析法测量界址点。所使用的主体测量仪器可以是光学经纬仪、全站型电子速测仪、电磁波测距仪和电子经纬仪或 GPS 接收机等。

图解法是在地籍图上量取界址点坐标的方法。作业时，要独立量测两次，两次量测坐标的点位较差不得大于图上 0.2mm，取中数作为界址点的坐标。采用图解法量取坐标时，应量至图上 0.1mm。此法精度较低，适用于农村地区和城镇街坊内部隐蔽界址点的测量，并且是在要求的界址点精度与所用图解的图件精度一致的情况下采用。

在实际工作中通常以地籍基本控制点或地籍图根控制点为基础（视界址点精度要求）测定界址点坐标。

GPS-RTK 法是目前测量点测量的一种主要方法，是基于载波相位观测值的实时动态定位技术，它能够实时地提供测站点在指定坐标系中的三维坐标，并达到厘米级精度。GPS-RTK 系统主要包括三部分：基准站、流动站和软件系统。其中基准站由 GPS 接收机、GPS 天线、发送电台及天线、电源等组成；流动站由 GPS 接收机、GPS 天线、接收电台及天线、控制器、对中杆、电源等组成；软件系统由支持实时动态差分的软件及工程测量应用软件组成。

这里以华测 X90 接收机为例简单介绍 GPS-RTK 界址点测量的基本作业

过程。

（1）准备工作。GPS-RTK 外业采集数据前需要进行已知控制点的选取、仪器设备检查和手簿设置三项准备工作。

1）选取合适的已知控制点。在流动站开始测量之前，一般要在测区内至少选取三个或四个已知点进行点校正，通过点校正拟合出 WGS-84 坐标到相应坐标系的最佳转换参数，从而测定流动站每个点的坐标。为了保证测量精度，一般要求选取的已知点连成的图形尽可能地覆盖测区。

2）仪器设备检查。主要检查和确认接收机能否正常工作，电台能否正常发射，蓝牙连接是否正常以及需要配件是否齐全、设备电量是否充足等。

3）手簿设置。利用常规 GPS-RTK 方法进行外业数据采集之前需要在手簿中进行创建坐标系统、新建任务、键入已知点坐标的设置等相关参数的设置。

①新建任务。运行手簿测地通软件，执行"文件→新建任务"，输入任务名称，选择坐标系统，其他为附加信息，可留空。新建任务完成后，点击"文件→保存任务"，保存新建的任务。

②配置坐标系统。执行"配置→坐标系管理"，根据实际情况，进行坐标系的设置。选择已有坐标系进行编辑（主要是修改中央子午线，如标准的北京 54 坐标系一定要输入和将要进行点校正的已知点相符的中央子午线），或新建坐标系，输入当地已知点所用的椭球参数及当地坐标的相关参数，而基准转换、水平平差、垂直平差都选"无"，当进行完点校正后，校正参数会自动添加到水平平差和垂直平差；如果已有转换参数可在基准转换中输入七参数或三参数。当设置好后，选择"确定"，即会替代当前任务里的参数，这样测量的结果就为经过转换的。

③键入已知点坐标。在主菜单中执行"键入→点"，点击右下角的"选项"，选择要输入点的坐标系统与格式，然后一次输入点名称、代码、北、东、高等参数。

（2）架设基准站。基准站的架设包括电台天线的安装，电台天线、基准站接收机、DL3 电台、蓄电池之间的电缆连线。基准站一定要架设在视野比较开阔、周围环境比较空旷、地势比较高的地方，如山头或楼顶上；避免架设在高压输变电设备、无线电通信设备收发天线、树林等对 GPS 信号的接收以及无线电信号的发射产生较大影响的物体附近。

1）连接接收机、电台、电台天线。GPS 接收机接收卫星信号，将接收到的差分信号通过电台发射给流动站。电台数据发射的距离取决于电台天线架设的高度与电台发射功率。

2）连接基准站接收机与 DL3 电台。DL3 电台由蓄电池供电，使用电台电源线接蓄电池时一定要注意正负极（红色接正极，黑色负极）。当基准站启动好后，把电台和基准站主机连接，电台通过无线电天线发射差分数据，一般情况下，电台应设置一秒发射一次，也就是说电台的红灯一秒闪一次，电台的电压一秒变化一次，每次工作时根据以上现象判断一下电台工作是否正常。按下电源键即可开机（接入电源为 11 ~ 16V），电源键具有开机与回退的功能，需短按，在任何时候长按即起到关机的效果。可"设置"电台当前的波特率、模式、功频、液晶等相关信息，用向上或向下按钮选择，回车键进行确认后，即完成相应设置。

3）架设电台天线。电台天线转接头一边与加长杆连接，一边与电台天线底部连接。加长杆铝盘接三脚架顶部，加长杆插到中间。

（3）启动移动站。当 GPS 差分数据从电台开始发射，基准站架设并启动成功后，就可以启动移动站。启动以后，移动站开始初始化，手簿屏幕下方会出现一个电台的标志，说明已经收到基准站电台发射的差分数据信号，并依次显示串口无数据、正在搜星、单点定位、浮动、固定，当得到固定解后方可进行测量工作，否则测量精度较低。

（4）点校正。点校正的目的是计算坐标转换参数。由于 GPS 测量的是WGS-84 坐标，而实际工作中，我们需要的是地方或国家平面坐标，所以在进行正式测量前，必须通过坐标转换求解 WGS-84 坐标转换为用户使用坐标的转换参数，即进行点校正。点校正完成以后，使用移动站测量所得的所有坐标都是在当地平面坐标系下的，用户可以直接使用测量的结果。

（5）测量。点校正完成以后，当测地通界面显示"固定"后，就可以进行测量。为了保证 GPS-RTK 的实测精度和可靠性，必须进行已知点的检核，确认无误后再进行 GPS-RTK 测量。

三、野外观测成果的内业整理

界址点的外业观测工作结束后，应及时地计算出界址点坐标，并反算出相邻界址边长，填入界址点误差表中，计算出每条边的$\triangle_l$。如$\triangle_l$的值超出限差，应按照坐标计算、野外勘丈、野外观测的顺序进行检查，发现错误及时改正。

当一个宗地的所有边长都在限差范围以内才可以计算面积。当一个地籍调查区内的所有界址点坐标（包括图解的界址点坐标）都经过检查合格后，按界址点的编号方法编号，并计算全部的宗地面积，然后把界址点坐标和面积填入标准的表格中，并整理成册。

第四章　地籍图测绘

第一节　地籍图测绘

一、地籍图基本知识

(一) 地籍图的概念

地籍图是按照特定的投影方法、比例关系和专用符号把地籍要素及其有关的地物和地貌测绘在平面图纸上的图形，是地籍管理的基础资料之一，是制作宗地图的基础图件。

地籍图既要反映包括行政界线、地籍街坊界线、界址点、界址线、地类、地籍号、面积、坐落、土地使用者或所有者及土地等级等地籍要素，又要反映与地籍有密切关系的地物及文字注记等，使图面简明、清晰，便于用户根据图上的基本要素去增补新的内容加工成满足用户需要的各种专题地图。

(二) 地籍图的种类

地籍图按表示的内容可分为基本地籍图和专题地籍图，按城乡地域的差别可分为农村地籍图和城镇地籍图，按图的表达方式可分为模拟地籍图和数字地籍图，按用途可分为税收地籍图、产权地籍图和多用途地籍图，按图幅的形式可分为分幅地籍图和地籍岛图。

我国现在主要测绘制作的有：城镇地籍图、宗地图、农村居民地地籍图、土地利用现状图、土地所有权属图等。为满足土地登记和土地管理的需要，目前我国城镇地籍调查需测绘的地籍图主要有以下几种。

（1）宗地草图。宗地草图是描述宗地位置、界址点、线和相邻宗地关系的实地草编记录。在土地权属调查时由调查人员现场绘制，地籍资料中的原始记录。

（2）基本地籍图。基本地籍图是依照规范、规程规定，实施地籍测量的基本成果之一，是土地管理的专题地图。一般按矩形或正方形分幅，故又称分幅地籍图。

（3）宗地图。宗地图是以宗地为单位在地籍图的基础上编绘而成，是描述宗地位置、界址点、线和相邻宗地关系的实地记录，是土地证书和宗地档案的附图。

（三）地籍图的比例尺

地籍图比例尺的选择应满足地籍管理的需要。地籍图需准确地表示土地的权属界址及土地上附着物等的细部位置，为地籍管理提供基础资料，特别是地籍测量的成果资料将提供给很多部门使用，故地籍图应选用大比例尺。考虑到城乡土地经济价值的差别，农村地区地籍图的比例尺比城镇地籍图的比例尺可小一些。即使在同一地区，也可视具体情况及需要采用不同的地籍图比例尺。

（1）选择地籍图比例尺的依据。相关规程或规范对地籍图比例尺的选择规定了一般原则和范围。但对具体的区域而言，应选择多大的地籍图比例尺，必须根据以下原则来考虑。

1）繁华程度和土地价值。就土地经济而言，地域的繁华程度与土地价值密切相关，对于城镇的商业繁华程度高、土地价值高的地区，就要求地籍图对地籍要素及地物要素表示十分详细和准确，因此必须选择大比例尺测图，如1：500、1：1000；反之，则可适当缩小比例尺。

2）建设密度和细部粗度。一般来说，建筑物密度大，其比例尺可大些，以便使地籍要素能清晰地上图，不至于使图面负载过大，避免地物注记相互压盖。若建筑物密度小，选择的比例尺就可小一些。另外，表示房屋细部的详细程度与比例尺有关，比例尺越大，房屋的细微变化可表示得更加清楚。如果比例尺小了，细小的部分无法表示，影响房产管理的准确性。

3）地籍图的测量方法。地籍图的测绘可以采用数字地籍测量和传统模拟测图的方法，当采用数字地籍测量的方法时，界址点及其地物点的精度较高，在不影响土地管理的前提下，比例尺可适当小一些，当采用传统模拟测图的方法时，界址点及其地物点的精度相对较低，为了满足土地管理需要，比例尺选择应适当大一些。

（2）我国地籍图的比例尺系列。目前，世界上各国地籍图的比例尺系列不一，比例尺最大的为1∶250，最小的为1∶50000。例如，日本规定城镇地区为1∶250～1∶5000，农村地区为1∶1000～1∶5000；德国规定城镇地区为1∶500～1∶1000，农村地区为1∶2000～1∶50000。

目前，我国地籍图比例尺系列一般规定为：城镇地区（指大、中、小城市及建制镇以上地区）地籍图的比例尺可选用1∶500、1∶1000、1∶2000；农村地区（含土地利用现状图和土地所有权属图）地籍图的测图比例尺可选用1∶1000、1∶2000、1∶2500、1∶5000。

为了满足权属管理的需要，农村居民地及乡村集镇可测绘农村居民地地籍图。农村居民地（或称宅基地）地籍图的测图比例尺可选用1∶1000或1∶2000。急用图时，也可编制任意比例尺的农村居民地地籍图，以能准确地表示地籍要素为准。

二、地籍图的内容

(一) 地籍图内容的基本要求

（1）地籍图应以地籍要素为基本内容，突出表示界址点、线。

（2）地籍图应有必需的数学要素和较高的精度。

（3）地籍图必须表示基本的地理要素和与地籍有关的地物要素。

（4）地籍图图面必须主次分明、清晰易读，并便于根据多用户需要加绘专用图要素。

(二) 地籍图的基本内容

地籍图的基本内容主要包括地籍要素、必要的地物要素和数学要素等。

1. 地籍要素

（1）各级行政界线。主要包括省、自治区、直辖市界，自治州、地区、盟、地级市界，县、自治县、旗、县级市及城市内的区界，乡、镇、国有农、林、牧、渔场界及城市内街道界。不同等级的行政境界相重合时只表示高级行政境界，境界线在拐角处不得间断，应在转角处绘出点或线。

（2）界址要素。主要包括宗地的界址点、界址线、地籍街坊界线、城乡接合部的集体土地所有权界线等。在地籍图上界址点用直径 0.8mm 的红色小圆圈表示，界址线用 0.3mm 的红线表示；当土地权属界址线与行政界线、地籍区（街道）界或地籍子区（街坊）界重合时，应结合线状地物符号突出表示土地权属界址线，行政界线可移位表示。

（3）地籍号。地籍号由区县编号、街道号、街坊号及宗地号组成。在地籍图上只注记街道号、街坊号及宗地号。街道号、街坊号注在图幅内有关街道、街坊区域的适中部位，宗地号注在宗地内。在地籍图上宗地号和地类号的注记以分式表示，分子表示宗地号，分母表示地类号。对于跨越图幅的宗地，在不同图幅的各部分都须注记宗地号。如果某街道或街坊或宗地只有较小区域在本图幅内，相应的编号可以注记在本图幅内图廓线外。如果宗地面积太小，在地籍图上可以用标识线移在宗地外空白处注记宗地号，也可以不注记宗地号。

（4）地类。在地籍图上按《全国土地分类》体系规定的土地利用类别码注记地类，地籍图上应注记地类的二级分类。对于宗地较小的住宅用地，可以省略不注记，其他各类用地一律不得省略。

（5）土地坐落。由行政区名、街道名（或地名）及门牌号组成。门牌号除在街道首尾及拐弯处注记外，其余可跳号注记。

（6）土地权属主名称。选择较大宗地注记土地权属主名称。

（7）土地等级。对于已完成土地定级估价的城镇，在地籍图上绘出土地分级界线及相应的土地等级注记。

（8）宗地面积。每宗地均应注记其面积，以平方米为单位，一般注记在表示宗地号和地类号以分式右侧。

2. 地物要素

（1）作为界标物的地物如围墙、道路、房屋边线及各类垣栅等应表示。

（2）房屋及其附属设施。房屋以外墙勒脚以上外围轮廓为准，正确表示占地状况，并注记房屋层数与建筑结构。装饰性或加固性的柱、垛、墙等不表示；临时性或已破坏的房屋不表示；墙体凸凹小于图上 0.4mm 不表示；落地阳台、有柱走廊及雨篷、与房屋相连的大面积台阶和室外楼梯等应表示。

（3）工矿企业露天构筑物、固定粮仓、公共设施、广场、空地等绘出其用地范围界线，内置相应符号。

（4）铁路、公路及其主要附属设施，如站台、桥梁、大的涵洞和隧道的出入口应表示，铁路路轨密集时可适当取舍。

（5）建成区内街道两旁以宗地界址线为边线，道牙线可取舍。

（6）城镇街巷均应表示。

（7）塔、亭、碑、像、楼等独立地物应择要表示，图上占地面积大于符号尺寸时应绘出用地范围线，内置相应符号或注记。公园内一般的碑、亭、塔等可不表示。

（8）电力线、通信线及一般架空管线不表示，但占地塔位的高压线及其塔位应表示。

（9）地下管线、地下室一般不表示，但大面积的地下商场、地下停车场及与他项权利有关的地下建筑应表示。

（10）大面积绿化地、街心公园、园地等应表示。零星植被、街旁行树、街心小绿地及单位内小绿地等可不表示。

（11）河流、水库及其主要附属设施如堤、坝等应表示。

（12）平坦地区不表示地貌，起伏变化较大地区应适当注记高程点。

（13）地理名称注记。

3. 数学要素

（1）图廓线、坐标格网线的展绘及坐标注记。

（2）埋石的各级控制点位的展绘及点名或点号注记。

（3）图廓外测图比例尺、图名、坐标系统、高程系统、成图单位、日期等的注记。

三、地籍图测绘的基本要求

（一）地籍图的精度要求

通常地籍图的精度包括绘制精度和基本精度两个方面。

（1）绘制精度。绘制精度主要指图上绘制的图廓线、对角线及图廓点、坐标格网点、控制点的展点精度，通常要求是：内图廓长度误差不得大于

±0.2mm，内图廓对角线误差不得大于 ±0.3mm，图廓点、坐标格网点和控制点的展点误差不得超过 ±0.1mm。

（2）基本精度。地籍图的基本精度主要指界址点、地物点及其相关距离的精度。通常要求如下。

1）相邻界址点间距、界址点与邻近地物点之间的距离中误差不得大于图上 ±0.3mm，依测量数据装绘的上述距离中误差不得大于图上 ±0.3mm。

2）宗地内外与界址边相邻的地物点，不论采用何种方法测定，其点位中误差不得大于图上 ±0.4mm，邻近地物点间距中误差不得大于图上 ±0.5mm。

（二）地物测绘的一般原则

地籍图上地物的综合取舍，除根据规定的测图比例尺和规范的要求外，还必须首先充分根据地籍要素及权属管理方面的需要来确定必须测绘的地物，与地籍要素和权属管理无关的地物在地籍图上可不表示。对一些有特殊要求的地物（如房屋、道路、水系、地块）的测绘，必须根据相关规范和规程在技术设计书中具体指明。

（三）图边的测绘与拼接

为保证相邻图幅的互相拼接，接图的图边一般均须测出图廓线外 5～10mm。地籍图接边差不超过点位中误差的 2 倍。小于限差平均配赋，但应保持界址线及其他要素间的相互位置。避免有较大变形，超限时需检查纠正。如采用全野外数字化测图技术或数字摄影测量技术，则无接边要求。

（四）地籍图的检查与验收

为保证成果质量，须对地籍图执行质量检查制度。测量人员除平时对所观测、计算和绘图工作进行充分的检核外，还需在自我检查的基础上建立逐级检查制度。图的检查工作包括自检和全面检查两种。检查的方法分室内检查、野外巡视检查和野外仪器检查。在检查中对发现的错误，应尽可能予以纠正。如错误较多，则按规定退回原测图小组予以补测或重测。测绘成果资料经全面检查认为符合要求，即可予以验收，并按质量评定等级。技术检查的主要依据是技术设计书和测量技术规范。

四、地籍图测绘的方法

(一) 平板仪测图

平板仪测图的方法，一般适用于大比例尺的城镇地籍图和农村居民地地籍图的测制，其作业顺序为测图前的准备 (图纸的准备、坐标格网的绘制、图廓点及控制点的展绘)，测站点的增设，碎部点 (界址点、地物点) 的测定，图边拼接，原图整饰，图面检查验收等工序。

碎部点的测定方法一般都采用极坐标法和距离交会法。在测绘地籍图时，通常先利用实测的界址点展绘出宗地位置，再将宗地内外的地籍、地形要素位置测绘于图上。这样做可减少地物测绘错误发生的概率。

(二) 数字摄影测量测制地籍图

随着航空航天影像信息技术迅速发展，采用数字摄影测量系统不但能完成地籍线划图的测绘，还可以得到各种专题的地籍图，同时利用卫星遥感进行土地资源调查和土地利用动态监测，为快速及时地变更地籍测量提供依据。由于地籍测量的精度要求较高，数字摄影测量主要以大比例尺航空像片为数据采集对象，利用该技术在航片上采集地籍数据，其控制点和目标点主要采用航测区域网法和光束法进行平差，即所谓的空三加密，进而通过专有数字摄影测量的数据处理软件，完成地籍测量的内外业。

数字摄影测量得到的地籍图信息丰富，实时性强，既具有线划地图的几何特征，又具有数字直观、易读的特性；地籍图上的界址点完善，不受通视条件的限制；除要用 GPS 像控和地籍权属调查外，大部分工作均是在内业中完成，既减轻了劳动强度，又提高了工作效率，是一种广有前途的地籍测量模式。

(三) 编绘法成图

大多数城镇已经测制有大比例尺的地形图，在此基础上按地籍的要求编绘地籍图，不失为快速、经济、有效的方法。其作业程序如下。

(1) 选定工作底图。首先选用符合地籍测量精度要求的地形图、影像平面图作为编绘底图（地形图或影像平面图地物点点位中误差应在 ±0.5mm 以内）。编绘底图的比例尺大小应尽可能选用与编绘的地籍图所需比例尺相同。

（2）复制二底图。由于地形图或影像平面图的原图一般不能提供使用，故必须利用原图复制成二底图。复制后的二底图应进行图廓方格网变化情况和图纸伸缩的检查，当其限差不超过原绘制方格网、图廓线的精度要求时，方可使用。

（3）外业调绘与补测。外业调绘工作可在该测区已有地形图（印刷图或紫、蓝晒图）上进行，按地籍测量外业调绘的要求执行。外业调绘时，对测区地物的变化情况加以标注，以便制订修测、补测的计划。补测时应充分利用测区内原有控制点，如控制点的密度不够时则应先增设测站点。必要时也可利用固定的明显地物点，采用交会定点的方法，施测少量所需补测的地物。补测后相邻界址点和地物点的间距中误差，不得大于图上 ±0.6mm。

（4）清绘与整饰。外业调绘与补测工作结束后，将调绘结果转绘到二底图上，并加注地籍要素的编号与注记，然后进行必要的整饰、着墨，制作成地籍图的工作底图，然后在工作底图上，采用薄膜透绘方法，将地籍图所必需的地籍和地形要素透绘出来，再经清绘整饰后，即可制作成正式的地籍图。

（四）内业扫描数字化成图

内业扫描数字化成图是利用扫描数字化方法对已有地形图或地籍图采集数字化地籍要素数据，同时结合部分野外调查和测量对上述数据进行补测或更新，经计算机编辑处理形成以数字形式表示的地籍图。为了满足地籍权属管理的需要，对界址点通常采用全野外实测的方法。

（五）野外采集数据机助成图

野外采集数据机助成图是目前普遍采用的一种地籍测量成图方法，它是一种全解析机助成图方法，是利用全站仪、GPS 等大地测量仪器，在野外采集有关的地籍要素和地物要素信息并及时记录在数据终端（或直接传输给便携机），然后在室内通过数据接口将采集的数据传输给计算机，并由计算机和成图软件对数据进行处理，再经过人机交互的屏幕编辑，最终形成地籍图形数据文件，并根据需要可以各种形式输出。

第二节　宗地图测绘

野外采集数据机助成图是目前普遍采用的一种地籍测量成图方法，它是一种全解析机助成图方法，是利用全站仪、GPS 等大地测量仪器，在野外采集有关的地籍要素和地物要素信息并及时记录在数据终端（或直接传输给便携机），然后在室内通过数据接口将采集的数据传输给计算机，并由计算机和成图软件对数据进行处理，再经过人机交互的屏幕编辑，最终形成地籍图形数据文件，并根据需要可以各种形式输出。

项注记正确齐全，比例尺适当。宗地图图幅规格根据宗地的大小选取，一般为 32 开、16 开、8 开等，界址点用 1.0mm 直径的圆圈表示，界址线粗 0.3mm，用红色或黑色表示。宗地图一般是在相应的基础地籍图或调查草图的基础上编制而成，其主要方法有蒙绘法、缩放绘制法、复制法、计算机输出法等。

（1）蒙绘法。以基本地籍图作底图，将薄膜蒙在所需宗地位置上，逐项准确地透绘所需要素，整饰后制作宗地图。

（2）缩放绘制法。宗地过大或过小时，可采取按比例缩小或放大的方法，先透绘后整饰，再制作宗地图。

（3）复制法。宗地的信息过多时，可采用复制法复制地籍图制作宗地图。大宗地可缩小复印，小宗地可放大复印，但复印后须加注界址边长数据、面积及图廓等要素，并删除邻宗地的部分内容。

（4）计算机输出法。利用数字法测图时，宗地图生成是在数字法测图系统中自动生成，生成的宗地图须加注界址边长数据、面积及图廓等要素。

第三节　农村居民地地籍图测绘

农村居民地是指建制镇（乡）以下的农村居民地住宅区及乡村圩镇。由于农村地区采用 1：5000、1：10000 的较小比例尺测绘分幅地籍图，因而地籍图上无法表示出居民地的细部位置，不便于村民宅基地的土地使用权管理，故需要测绘大比例尺农村居民地地籍图，用作农村地籍图的加细与补充，是农村地籍图的附图，以满足地籍管理工作的需要。

农村居民地地籍图的范围轮廓线应与农村地籍图（或土地利用现状图）上所标绘的居民地地块界线一致。农村居民地地籍图采用自由分幅以岛图形式编绘。

城乡接合部或经济发达地区的农村居民地地籍图一般采用1∶1000或1∶2000的比例尺，按城镇地籍图测绘方法和要求测绘。急用图时，也可采用航摄像片放大，编制任意比例尺农村居民地地籍图。

居民地内权属单元的划分、权属调查、土地利用类别、房屋建筑情况的调查与城镇地籍测量相同。

农村居民地地籍图的编号应与农村地籍图（或土地利用现状图）中该居民地的地块号一致，居民地集体土地使用权宗地编号按居民地的自然走向1，2，3，…顺序进行编号。居民地内的其他公共设施，如球场、道路、水塘等，不作编号。

农村居民地地籍图表示的内容一般包括：

（1）自然村居民地范围轮廓线、居民地名称、居民地所在的乡（镇）、村名称，居民地所在农村地籍图的图号和地块号。

（2）集体土地使用权宗地的界线、编号、房屋建筑结构和层数，利用类别和面积。

（3）作为权属界线的围墙、垣栅、篱笆、铁丝网等线状地物。

（4）居民地内公共设施、道路、球场、晒场、水塘和地类界等。

（5）居民地的指北方向。

（6）居民地地籍图的比例尺等。

第四节　土地利用现状图测绘

一、土地利用现状图的编制

土地利用现状图是用空间方式表达一定区域内的土地利用类型分布面积及土地利用结构的专题地图，能够为各级政府部门制定土地利用总体规划，合理调整土地利用结构等工作提供科学依据，是土地利用现状调查工作的主要成果。

(一) 基本要求

(1) 成图的基本类型。土地利用现状图的基本类型主要有两类：一类是分幅土地利用现状图，另一类是行政区域土地利用现状图，它是在分幅土地利用现状图的基础上编绘而成的。

(2) 成图比例尺及图幅大小。乡级土地利用现状图的成图比例尺一般与调查底图比例尺一致，即农区 1 : 10000、重点林区 1 : 25000、一般林区 1 : 50000、牧区 1 : 50000 或 1 : 100000，图面开幅可根据面积大小、形状、图面布置等分为全开或对开两种。县级土地利用现状图除面积较大或形状窄长的县用 1 : 100000 的比例尺图外，通常以 1 : 50000 的比例尺成图，采用全开幅。

(二) 土地利用现状图的内容

土地利用现状图主要表现各种地类分布状况，对其他内容进行适当综合。图中应包括各级行政界、水系、各种地类界及符号、线状地物、居民地、道路、必要的地貌要素、各要素的注记等。为使图面清晰，平原地区适当注记高程点，丘陵山区只绘计曲线。此外还应有图廓线、图名、比例尺、指北针等内容。

二、乡级土地利用现状图的编制

(一) 编制方法

按乡级单位的地理位置，将所涉及的图幅土地利用现状调查转绘底图拼接起来。拼接时以四个内图廓点和公里网作控制，并进行接边检查，然后利用 0.05 ~ 0.07mm 厚的磨面聚酯薄膜，采用连编带绘一次成图的透绘作业，即把制作编绘原图与出版原图两道工序合并在一起的作业方法。

(二) 编制的程序

(1) 图上内容的编制顺序及作业要点。

1) 图廓线及公里网线。内图廓线、经纬线、公里网线。附图图廓线粗 0.15mm、外图廓线粗 1.0mm，图内公里网线长 1cm、粗 0.1mm。其精度要求：图廓线边长误差 ±0.1mm，对角线边长误差 ±0.3mm，公里网连线误差 ±0.1mm。

2) 水系。湖泊、双线河、大中小型水库、坑塘、单线河 (先主后支)、渠道等及其附属物，按原图全部透绘。图式符号及尺寸按《规程》要求清绘。

3) 居民地。农村居民点、城镇、独立工矿用地等均按底图形状进行透绘，其外围线用粗 0.15mm 实线表示。图形内，根据需要可用粗 0.1mm 线条与南图廓线成 45° 角加绘晕线，线隔 0.8mm。

4) 道路。按主次依次透绘铁路、公路、农村路，其符号及尺寸见《规程》。

5) 行政界。省、地、县、乡、村各级行政界，自上而下依次透绘。线段长短、粗细、间隔均按《规程》要求。行政界相交时要做到实线相交，相邻行政界只绘出 2~3 节。飞地权属界按其地类用相应符号表示。

6) 地类界。以 0.2mm 实线表示。作业过程中，需注意不要因跑线及移位而使图形变形。

7) 进行各要素的注记。

8) 整饰。按图面设计要求，图名配置在图幅上方中间为宜，字体底部距外图廓线 1.0~1.5cm，图签配置在图的右下方。

(2) 自检、互检、审核、修改、图幅清绘。整饰完成后，应按设计要求，对照底图全面进行自检、互检，再交作业组、专业队审核。对检查出的问题进行修改，最后提交验收。

(3) 复制、着色。

1) 复制。乡级土地利用现状图的复制，一般可采用静电复印 (照) 的方法，也可用熏图复制成图的方法直接晒成蓝图。限于条件，一般不采用线划套印。

2) 着色。一般采用水彩着色，也可用油彩着色。

第五章　房地产测绘

第一节　房地产测绘概述

一、房地产测绘的内涵

房地产测量是指房产测量和地籍测量，房地产测量工作应包括"测绘"和"测设"。房地产测绘是指运用测绘仪器、测绘技术和测绘手段，来测定房地产的位置、界址、占地范围和面积数量等，为房地产权利人和管理部门提供信息服务的一项专业技术活动。房地产测设是根据设计图纸将一系列点位在实地上标定。

二、房地产测绘的种类、特点

(一) 房地产测绘的种类

房地产测绘包括房地产基础测绘和房地产项目测绘两种。

房地产基础测绘是指在一个城市或一个地域内，大范围、整体地建立房地产的平面控制网，形成房地产的基础图纸——房地产分幅平面图——的测绘活动。

房地产项目测绘是指因房地产开发、经营、交易和房地产权属管理等的需要，测量、绘制房地产分丘平面图和房地产分层分户平面图，形成图、表、卡、册、簿、数据等信息的测绘活动。

(二) 房地产测绘的特点

(1) 测图比例尺大。房地产测绘一般在城市和城镇内进行，图上表示的内容较多，有关权属界限等房地产要素都必须清晰准确地注记。因此，房地产分幅图的比例尺都比较大。分丘图和分层分户平面图的比例尺更大，一般为1:200，有的更大。

（2）测绘内容较多。地形测量测绘的主要对象是地貌和地物，而房地产测绘的主要对象是房屋和房屋用地的位置、权属、质量、数量、用途等状况，以及与房地产权属有关的地形要素。房地产测量对房屋及其用地必须定位、定性、定界、定量，即测定房地产位置，调查其所有权或使用权的性质，测定其范围和界线，还要测算其面积，调查测定评估其质量等。

（3）精度要求高。一般测绘可从图上索取或量取，精度可以满足需要。但房地产测量精度要求较高，例如界址点的坐标、房屋建筑面积的量算精度要求比较高，一般不能直接从图上量取，而必须实测、实算。

（4）修测、补测及时。城市基本地形图的复测周期一般为5~10年，而房地产测绘的复测周期不能按几年来测算，城市的扩大要求及时对房屋、土地进行补测，当房屋和用地特别是权属发生变化时也应及时修测，对房屋和用地的非权属变化也要及时变更，以保持房地产测绘成果的现实性、现状性，及保持图、卡、表、册与实地情况一致。所以房地产测绘修、补测工作量较大。

（三）房地产测量的基本内容

房地产测量的基本内容包括房地产平面控制测量、房地产调查、房地产要素测量、房地产图绘制、房地产面积测算、房地产变更测量、房地产成果资料的检查与验收。

（四）房地产测绘成果

房地产测绘成果是指在房地产测绘过程中形成的数据、图、表、卡、册等信息和资料，主要包括房产簿册、房产数据和房产图集。

取得相应资质的房地产测绘机构可根据委托方的要求提供全部或部分服务，并对其提交的测绘成果的准确性负责。

三、房地产测绘的作用

（一）为房地产开发、经营以及交易提供基本信息服务

房地产测绘成果提供了房地产商品量的量度依据，为房地产开发、经

营企业实施房地产开发经营决策、销售、核算提供了数量方面的参考依据，也为房地产消费者选择、购置房地产提供了必要的信息。当买卖双方以合同形式约定以产权登记面积作为销售面积且销售价格按单位面积售价来核定时，房地产面积就与房地产价值挂上了钩。

(二) 为房地产管理提供信息服务

(1) 在制定相关政策时，房地产管理部门需要掌握区域内房地产的整体情况，如房屋总量、房屋地域分布、行业分布情况、房屋利用状况等基础资料。

(2) 房地产权属登记发证需要掌握各个产权单位的具体位置、界址、占地范围和房屋面积等信息，这些信息需要通过测绘来完成。

3. 为其他部门提供参考资料

房地产测绘还可以为城市建设，司法机关案件审查、仲裁以及税收、保险等部门提供基础资料和相关信息。

四、房地产测量的技术规范

测量规范是测量工作所依据的法规性技术文件，各种测量工作都必须严格遵循。测量规范的主要内容为对测量作业的统一规定，包括测量控制网布设方案、技术设计、仪器检验、作业方法、成果记录整理、检查验收等技术工作的具体规定。房地产测量工作是具有很强技术性的专业工作。为确保测绘工作获得高精度的成果和高质量的图，国家颁布了统一的规范。房地产测量主要执行国家标准《房产测量规范第1单元：房产测量规定》(GB/T 17986.1-2000)，包括前言、范围、引用标准、总则、房产平面控制测量、房产调查、房产要素测量、房产图绘制、房产面积测算、变更测量、成果资料的检查与验收和房屋、房屋用地调查表与分类、成大房屋的建筑面积和共有共用面积分摊两个附录。房产测量的成果包括房产簿籍、房产数据和房产图集。

五、房地产测绘的工作程序

(一) 房地产测绘由房地产的权利申请人或利害关系人申请

房地产测绘部门接受申请的，应查验提交的各种资料是否齐全，并与其签订房地产测绘合同。这是房地产测绘前期的主要工作内容。

（二）总体技术设计

按照房地产测绘合同的要求，进行平面控制测量，房产分幅平面图、房产分丘平面图、房产分层分户平面图的测绘，房地产的面积测算，或组织变更测量。

（三）房地产测绘产品二级检查一级验收制

一级检查是在全面自查、互检的基础上，由测绘作业组的专职或兼职检查人员对产品质量实行过程检查。二级检查是在一级检查的基础上，由施测单位质量检查机构和专职检查人员对产品质量实行的最终检查。产品成果的最终验收工作由任务的委托单位组织实施，即一级验收。在二级检查和一级验收的基础上向客户提交测绘报告。测绘报告主要包括：房地产测量技术设计书；成果资料索引及说明；控制测量成果资料；房屋及房屋用地调查表、界址点坐标成果表；图形数据和房产原图；技术总结；检查验收报告等。

第二节　房产平面控制测量

一、房产平面控制测量内容

房产测量的基本内容包括房产平面控制测量、房产调查、房产要素测量、房产图绘制、房产面积测算、房产变更测量、成果资料的检查与验收。测量规范是测量工作所依据的法规性技术文件，各种测量工作都必须严格遵循。

房产平面控制测量包括基本控制测量和图根控制测量。基本控制测量包括二、三、四等房产平面控制测量和一、二、三级平面控制测量。由第四章可知，国家布设一、二等控制网，而三、四等则由用户单位按国家统一标准在一、二等下进行加密，其成果也应纳入国家控制网范围。四等以下，如一、二级平面控制测量，则为用户根据工程和生产需要自选布测。

房产平面控制网布设原则：从整体到局部、从高级到低级、分级布设，也可越级布设。

房产平面控制点的内容：房产平面控制点包括二、三、四等平面控制点和一、二、三级平面控制点。房产平面控制点均应埋设固定标志。

房产平面控制点的密度：建筑物密集区的控制点平均间距在 100m 左右，建筑物稀疏区的控制点平均间距在 200m 左右。

房产平面控制测量的方法：房产平面控制测量可选用三角测量、三边测量、导线测量、GPS（Global Positioning System）定位测量等方法。

房产测量的坐标系统：房产测量应采用 1980 年西安坐标系或地方坐标系，采用地方坐标系时应和国家坐标系联测。

房产测量的平面投影：房产测量统一采用高斯投影。

高程测量基准：房产测量一般不测高程，需要进行高程测量时，由设计书另行规定，高程测量采用 1985 年国家高程基准。

二、房产平面控制测量方法

(一) 基本测量方法

1. 水平角观测

（1）水平角观测的仪器。水平角观测使用 DJ_1、DJ_2、DJ_6 三个等级系列的光学经纬仪或电子经纬仪，其在室外试验条件下的一测回水平方向标准偏差分别不超过 ±1"、±2"、±6"。

（2）水平角观测的限差。水平角观测一般采用方向观测法。

2. 距离测量

（1）光电测距的作用。各级三角网的起始边、三边网或导线网的边长，主要使用相应精度的光电测距仪测定。

（2）光电测距仪的等级。光电测距仪的精度等级，按制造厂家给定的 1km 的测距中误差 m_0 的绝对值划分为二级：

Ⅰ级：　　　$|m_0| \leqslant 5mm$

Ⅱ级：　　　$5mm \leqslant |m_0| \leqslant 10mm$

（3）光电测距限差。按照仪器精度等级分Ⅰ级一测回读数较差 5mm、单程读数较差 7mm；Ⅱ级一测回读数较差 10mm、单程读数较差 15mm。

（4）气象数据的测定。光电测距时应测定气象数据。二、三、四等边的温度测记至0.2℃，气压测记至0.5hPa；一、二、三级边的温度测记至1℃，气压测记至1hPa。

(二) 精度要求

1. 导线测量

导线应尽量布设成直伸导线，并构成网形。导线布成结点网时，结点与结点、结点与高级点间的附合导线长度，不超过规定的附合导线长度的0.7倍。当附合导线长度短于规定长度的1/2时，导线全长的闭合差可放宽至不超过0.12m。

2. GPS静态相对定位测量

GPS网应布设成有检核的图形，GPS网点与原有控制网的高级点重合应不少于三个。当重合不足三个时，应与原控制网的高级点进行联测，重合点与联测点的总数不得少于三个。主要技术要求应符合表13-6和表13-7的规定。

三、房产平面控制网的布设

(一) 房产平面控制网的布设原则

房产平面控制网的布设，应遵循从整体到局部、从高级到低级、分级布设的原则进行，以达到经济上合理和技术上的科学。根据仪器设备的精度和工作需要也可越级布网。

房产平面控制网布设范围应考虑城镇发展的远景规划，首先网布设一个主控制网作为骨干，然后视建设和管理要求，分区分期逐步有计划地进行加密；精度方面要留有适当余地，特别是要使控制网外围边长的精度留有余地，以使主控制网有扩大控制范围的可能性，避免将来因控制范围不够而重新布设控制网。

目前我国城镇地区的房产图、地籍图和地形图采用1：500或1：1000两种比例尺。通常城市繁华地段、中心区域和老城区采用1：500比例尺成图，其他地区一般采用1：1000的比例尺成图。《房产测量规范》(GB/T

17986.1-2000）规定：建筑物密集区分幅图一般采用1∶500的比例尺，其他区域分幅图可采用1∶1000的比例尺。由此可见，房产平面控制网的布设，必须有足够的精度和密度，以满足1∶500的比例尺房产分幅图测绘的需要。全国范围内已有一、二等水平控制网，大部分城市也已由城建勘察部门建成了二、三、四等水平控制网。因此，应考虑利用已有控制网，避免重复布网、标石紊乱、资料混杂和资金浪费等不良局面。如果已有水平控制网符合《房产测量规范》（CB/T17986.1-2000）的规格和精度要求，可在已有成果基础上布设低等级平面控制点，城建勘察部门已有的一、二级导线点精度一般可达到《房产测量规范第1单元：房产测量规定》（GB/T17986.1-2000）的要求，也可使用。新布设的控制网点应与城建勘察部门已有控制网点相区别，采用不同式样的保护盖和不同字样。新旧点不要混杂在一起，要相隔一段距离，避免误用。

若已有的等级控制网点不符合《房产测量规范第1单元：房产测量规定》（GB/T17986.1-2000）的技术、精度要求，可选择一个高级点作为整个测区的起算点，选择该点至另一高级点间的方向作为该测区的起算方向，建立房产平面控制网。布设新网时，适当联测一些原有网点，旧边作为检核，原控制网点规格、埋设合乎规范要求时，应充分考虑利用。

房产平面控制网可越级布设，除二、三级以外，均可作为房产测绘的首级控制。

（二）已有控制成果分析和利用

为使测量成果统一和节省测量费用，对测区原有测绘资料，应该充分利用。在使用前，首先进行必要的实地踏勘和检查。然后对其精度进行综合分析评定，以确定其利用程度，如利用平差成果，利用观测成果，利用觇标、标石等。

分析和鉴定原有测绘资料质量时，对各项主要精度数据要仔细审阅，逐一复核：原有起算数据来源、等级和质量情况；投影带和投影面的选择，其综合误差的影响是否满足房产测绘的需要；起算边（或扩大边）精度、基线尺检定间隔时间和基线长度中误差。

依据控制网几何条件检查原观测质量，如三角形闭合差分布是否符合偶然误差的特性，平差后测角的改正数通常应接近测角中误差，若改正数超过2倍的测角中误差，应分析是由起算数据误差引起还是由观测误差所致。

复核仪器检验项目和精度，归心元素的测定精度，观测成果取舍是否合理，成果中是否存在比较严重的系统误差和其他有关误差，对最后成果质量有何影响。

对符合《房产测量规范》(GB/T 17986.1-2000) 要求的已有控制点成果，在使用中应注意原点位是否有变动，点位和成果是否对应，有无标移位。特别要警惕标石毁坏后重新埋设标石的现象，此种情况往往是将其作为另一控制网点而测设的。

房产平面控制网还要尽量利用原有点位，以测区内布网的最高精度联测附近高等级国家平面控制网点。联测点和重合点之和不得少于2个，以便于把地方坐标换算成国家统一坐标。

(三) 房产平面控制网布设的一般过程

1. 搜集相关资料

首先了解测区地理位置、形状大小，今后发展远景，测量成果使用的精度要求，完成任务的期限以及生产上对控制点位置、密度的要求等。房产测绘人员应到测绘业务及管理部门搜集有关资料。如设计时需用的地形图 (比例尺为1：1000 ~ 1：50000)，测区已有控制成果，并到测区踏勘了解旧标石、标架的保存情况，为确定布网方案、设计和施测做好准备工作。

2. 确定布网方案

根据控制测量成果的使用要求和已搜集到的测量资料及拥有的仪器设备、技术力量等条件，确定布设控制网方案。例如，确定是在国家水平控制网基础上加密还是布设独立网；确定测量方法采用三角测量还是三边测量、导线测量或 GPS 相对定位测量；确定是一次全面布设还是分区、分级、分期布设；确定是采用3° 带还是1.5° 带投影等。

图上设计宜在1：10000 或1：25000 的地形图上进行：首先测绘已知点和网；按照已定布网方案从图上判断点与点之间是否彼此通视；各点组成的图形是否满足规范所规定的精度和其他要求；布设位置是否满足测量要求。图上选点后，须到实地确定是否切实可行。为保证控制网精度和避免返工浪费，还应估算控制网中推算元素的精度。

3. 编写技术设计说明书

编写技术设计说明书目的在于拟定房产平面控制测量的实施计划，从整体规划上、技术上和组织上作出说明，其要点是：

（1）概况内容。包括设计目的和任务，测区地理位置、地形地貌基本特征，测区原有成果作业情况、成果质量情况及利用的可能性和利用方案。

（2）设计方案。说明平面控制网的等级、图形、密度，起算数据的确定，控制网的图上设计及精度估计。

（3）作业原则、方法和要求。包括提出觇标类型及埋设标石规格、标志建造和委托保管要求、测角及测边仪器的检验、边长及角度观测精度，外业成果记录方法，成果检验和质量评估办法和要求等。

（4）各种附表附图编制。工作量综合、进程表，需用主要物资一览表，控制网设计图及其他各种辅助图表等。

4. 造标埋石

确定控制点位置后，须着手进行造标埋石工作，埋设的标石作为点的标志，建造的觇标作为观测时照准的目标，一切观测成果和点的坐标都归算到标石中心上。

5. 外业观测

待所建造的觇标和埋设的标石稳定后，即可开展观测工作。观测前，须按规范要求对仪器进行检校，测距仪还须进行检测。

（1）对于经纬仪，应满足下列技术要求。

①照准部旋转各位置气泡不超过 1 格；

②光学测微器行差及隙动差，DJ_1 不超过 1"，DJ_2 不超过 2"；

③横轴不垂直于竖轴之差，DJ_1 不超过 10"，DJ_2 不超过 15"，DJ_3 不超过 10"；

④垂直微动螺旋使用时，视准轴在水平方向上不产生偏移；

⑤视准轴不垂直于横轴之差，DJ_1 不超过 5"，DJ_2 不超过 8"，DJ_3 不超过 10"；

⑥光学对点器视轴与竖轴的偏差，0.8~1.5m 高度范围内不超过 ±1mm。

（2）对于测距仪，应满足下列技术要求。

①发光、接收、照准三轴的不平行性不超过 ±30″；

②测尺频率变化不大于比例误差的2/3；

③照准误差和幅相误差均不超过固定误差的1/2；

④仪器内部符合标准偏差不超过标准精度的1/4；

⑤周期误差振幅不大于周定误差的3/5；

⑥加常数和乘常数检定的单位权标准差不超过标准精度的1/2；

⑦电压变化对测距的影响不超过标准精度的1/3；

⑧光学对中器的对中误差在仪器高1.5m范围内不超过1mm。

还须对气压计、干湿温度计进行检验与校正。观测过程中，一定要严格遵守观测规则和操作规程。在观测过程中和观测工作完成后，必须进行全面的外业检查，以检查外业观测工作是否符合规范要求。只有全部外业工作都符合要求之后，观测工作才算完成。

6. 内业计算

内业计算包括概算、平差计算和坐标计算三部分。

概算是把地面上观测成果投影到高斯平面上的计算工作和平差前其他准备工作，如三角测量概算主要有以下内容：外业成果整理和检查；编制已知数据表和绘制三角网络图；三角形近似边长和球面角超计算；归心改正计算，并将观测方向化归至标石中心，如为分组观测，当两组测站归心元素不同时，需分别归心改正后，再进行测站平差；近似坐标计算；方向计算改正；水平方向值表的编制；验算各种几何条件闭合差，并按三角形闭合差计算测角中误差。三角网中的观测边长，应先将其化算到椭球面上，再由椭球面上的边长化算到高斯平面上。

平差计算就是消除多余观测带来的几何图形的矛盾，鉴定观测值与平差元素的精度，求出各推算元素（如边长、方位角或坐标值）的最或然值。

坐标计（正）算是根据已知点的坐标以及已知点与未知点直线的边长、坐标方位角计算未知点坐标的工作。

7. 编写技术总结

全部计算工作完成后，列出成果表，即将所有点的坐标、各边边长和方位角列成表格，最后编写技术总结，以供测量成果使用者参考。房产平面

控制测量技术总结主要内容应包括:

(1) 测区概况、任务概述、作业起止时间及完成的工作量。

(2) 布设的锁 (网) 或导线的名称及点位密度,边长 (最大、最小、平均) 和角度 (最大、最小) 情况。

(3) 作业技术依据。

(4) 觇标规格与标石埋设。

(5) 对已有成果资料的利用与联测情况,观测成果使用的坐标系统、投影系统,起算数据精度。

(6) 平差计算方法与成果精度统计,重合点统计说明;

(7) 质量评估,存在的问题及处理情况,取得的经验等。

第三节　房产调查

一、房产调查概述

(一) 房产调查的概念

房产调查是指在房产行政管理部门的主持下,会同测绘工作的勘测员、房屋权属主、相邻四至的权利人等有关人员,必要时邀请地籍部门派员,在有准备的基础上,到现场指界确认界址线。各方认可后,经填写权属调查表并签名盖章方为有效。

房产调查,包括房屋调查和房屋用地调查两部分。调查内容包含每个权属单元的坐落位置、权属界线、权属主 (或法人)、房屋数量、用地面积以及利用状况等基本情况。同时,还应进行地理名称和行政境界的调查核实。必要时,房屋用地会同地籍管理部门、行政境界会同民政部门共同确认。

房产调查是根据房产测量的目的和任务,结合房产行政管理和经营管理的需要,对房屋和房屋用地的位置、权界、属性、数字等基本情况及地理名称和行政境界进行的调查。

房屋调查应利用现势好的资料,例如大比例尺地形图、地籍图和新近航摄像片,以及有关产籍按房屋调查表和房屋用地调查表调查的项目,前者以幢为单元分户进行，后者以丘为单元分户进行，在调查实地逐项填写调查表。

(二) 房产调查的内容与原则

1. 房产调查的内容

房产调查的目的是获取房产各要素资料，通过确权审查、实物定质定量，认定房产权界及其归属，最终充实完善房产测绘的各种资料，为房产管理提供可靠并能直接服务的基础资料。房产调查的主要成果是各种房产平面图、有关数据及文档。房产调查的图件和调查成果资料经审核批准作为权证的附件，便具有了法律效力。因此，对房产调查而言，必须有严格的要求。因此房产调查的内容包括：①房屋用地权界，即丘界的调查；②房屋状况调查；③房产数量调查及示意图的绘制；④房产权属状况调查；⑤地理名称和行政境界调查。

房产调查的任务是调查确定房屋及其用地的位置、权属、权界、特征、质量及数量，并为房产测量做好准备。

房产调查是一项极其细致而又严肃的工作。房产调查资料是房产测绘成果的重要内容，而房产测绘成果经过确权、登记、发证后便具有法律效力。因此，在组织管理上，房产调查必须在当地房产管理部门的领导下进行。房产调查一般应经过政府公告、资料准备、实地调查、确权定界、成果归整五个阶段。调查人员应熟练掌握房产法规、政策、办法以及了解调查的程序，在房产调查工作中广泛收集测绘、土地划拨、房屋批建、房产等级评估、标准地名及房产产权产籍等有关资料，采取"先阅后查"的办法进行。

所谓"先阅"，即在实施房产调查前，对房产权属单元的有关权属文件，结合产籍档案，按房产法规、政策、办法等对照审阅。其根本目的在于明确其权属是否合法属实。如果资料不全，应及时通知权利人补充有关权属证明文件。否则如果在毫无准备的情况下，贸然直赴现场调查，往往会因过多权属纠纷或无从下手而影响调查工作的顺利开展和造成大量后续工作"尾巴"，同时可能因权属调查时的偏听而给调查成果质量留下难以预料的隐患。

2. 房产调查的原则

房产调查应在广泛审阅产权产籍资料后在现场进行调查。现场调查的基本原则：①不允许将产权产籍资料原件带至现场，以防散失；②调查者通常必须携带工作用图、房屋产权产籍资料、调查表、"房屋用地调查表"、审阅记录、其他房产调查用具等到现场；③调查者应会同房产各方权利人代表共同到现场指界认定，如果其中一方因故而不能到场，必要时应按法律程序完善委托代理手续；④必须现场如实记录各权属单元房产调查情况，对于房产权属纠纷要客观记载，由上级主管部门调处，调查者不能越权仲裁。

房产调查是房产测绘的重要环节，它贯穿于整个房产测绘过程始终。在分幅平面图测绘阶段，通过房产调查获得各用地单元的范围，坐落及相互关系，并按房产管理要求对各用地单元编"丘号"；在分丘图测绘阶段，房产调查是为了确定各用地单元的权属、界线，对界址点进行等级划分和编号，了解丘内房屋的情况并编立"幢号"；在房屋分栋测绘过程中，房产调查着重围绕房屋产权来源、产别及房屋等基本情况展开，并确定房屋中各部分功能及结构，为合理测算房屋面积做好准备，在多元产权房屋分户测丈阶段，通过房产调查，确定各分户自用范围、公共面积范围及共有共用情况，并搜集公共面积的分摊协议或文件。

二、房屋用地调查

房屋用地调查可以与房屋调查同时进行，也可分别进行。

调查前，必须进行充分的准备，包括调查单元的划分与编号，取得城市相应的土地等级资料，搜集调查所需的图件、行政境界资料、标准化地名表等。同时，向调查区内各单位发出调查通知。

房屋用地调查以丘为单位进行，调查内容包括：用地坐落、产权性质、用地等级、税费、用地人、用地单位所有权性质、权源、界标、用地分类、用地面积和用地纠纷等基本情况。房屋用地调查记簿应采用专门的"房屋用地调查表"，并绘制用地范围略图。

(一) 丘的定义与丘的划分

房屋权属用地单元的最小单位是丘，它和地籍测量中宗地的含义是相同的，按照惯例我们在房产测绘中称其为丘。所谓丘，规范定义为地表上一个有界空间的地块。根据丘内产权单元的情况，丘有独立丘与组合丘之分。

一个地块只属于一个产权单元时称为独立丘；一个地块属几个产权单元共有时，称组合丘。

丘在划分时，有固定界标的按固定界标划分，没有固定界标的按自然界线划分。能清楚划分出权属单元的用地范围（如一个单位、一处院落、一个门牌号），划分为独立丘。一个产权单元的用地由不相连的若干地块组成时，则每一地块均应划分为独立丘。一个地块内当多个权属单元的用地范围相互渗透，权属界线相互交错不齐，难以划分时（如一个院落内有三个权属单元），或各权属单元的用地范围较小，在分幅图上难以逐一表示各自范围（如对私房集合划分为组合丘）时，将地块划分为组合丘。

（二）丘号的编立方法

丘号是按照分丘原则划分房屋用地单元地块的编号，它是房产测量与产权产籍管理中的重要编码，也是房产档案管理中的重要索引。建立科学的编号方法，实行统一编号，并能为搜集整理资料，建立房产地理信息系统以及广泛应用电子计算技术等方面创造有利条件。

每一丘均应编号，且组合丘除编丘号外，各房屋用地单元还应分别编立丘支号。

1. 按市、市区、房产区、房产分区、丘五级进行丘号的编立

市码、市辖区（县）代码采用《中华人民共和国行政区划代码》（GB/T 2260-2007）规定的代码。房产区以行政建制的区、街（或镇、乡）行政辖区，或房产管理部门划分的区域为基础划定。根据实际情况和需要，可以街坊或主要街道围成的方块为基础将房产区再划分为若干房产分区。房产区码和房产分区码由当地人民政府和房产管理部门统一编立，没有划分房产分区时，用相应的编码单位"01"表示。丘号的编立以房产分区为编号区，采用四位自然数字0001～9999进行编列。

丘号编立顺序，以房产分区（或房产区）为单位，从北到南、从西向东呈反"S"形编列。在变更测量或修补测中，新增的丘号接原编号顺序连续编立。

由于房产区及房产分区随着城市发展变化而不断地变动，且其编码本身是一系统庞大的工程，因此实际工作中进行小范围的房产基础测绘时，丘

号的编立也可临时以图幅为单位进行，待全市基础测绘工作进行到一定阶段，再做统一的调整。

在丘号编立的实际工作中，客观上存在各丘的形状不一、大小不等等诸多复杂状况，因此应根据丘的平面分布情况，从编立首号起，按编号的前进方向，综合考虑毗连地块编号的连贯性以及跨图接边等具体情况进行编号，以便利于管理及资料的检索与查询。

2. 支丘号的编立

在组合丘内，各丘支号的编立按面向主丘大门从左到右，从外到内呈反"S"形顺序编立。丘支号的表示方法为：丘号在前，支号字级小一号，前加短线，如"48—6"。

丘号、丘支号使用时，必须同房产区及房产子区的编码或分幅图图号一起使用，否则丘号、丘支号是没有意义的。

在任何情况下，丘的编号在编号单元中皆应具有唯一性，丘的编号一经确定，就不得更改。只有当丘范围发生变更时，才能对变化丘的丘号进行调整。

（三）房屋用地坐落的调查

房屋用地坐落是指其在实地由民政部门统一命名的行政区划名称和自然街道名称以及由公安部门统一订立的门牌号。

调查中，当房屋用地实地位于较小里弄、胡同、小巷时，坐落前要加注主要自然街道名称；房屋用地临近两个以上街道或有两个以上门牌号时，均应按其主次顺序分别注明；当房屋用地暂缺街道门牌号时，可以与其毗邻或临近房屋用地坐落的相对位置加以说明，也可以房屋用地中主要标志性建筑物名称代替；组合丘内，应根据各权属单元实际用地的位置加以说明，实际地名改变时，应在老名称前加注"老"字，新名称前加注"新"字。

在房产产权产籍档案管理中，图号或房产分区号也是坐落的重要内容，图号是指房屋用地主门牌号所在的分幅图号，而房产分区号是指房屋用地所在房产的分区编码。对于范围较大的地块，它可能同时跨两个或两个以上行政区，调查用地的坐落时行政区名以其用地大部分所在区或其行政隶属关系为准。

(四) 房屋用地情况的调查

1. 用地人、用地人的所有制性质

用地人是指房屋用地使用权人的名称或姓名，用地人的所有制性质按第四节中房屋所有人所有制性质填写。

2. 权源

权源是指房屋用地（土地）使用权的来源。权源调查主要调查房屋用地使用权的单位和个人取得其使用权的时间、方式及数量。时间以获得土地使用权正式文件的日期为准。取得土地使用权的方式有征用、划拨、出让和转让等。数量以文件规定范围内的面积为准。

3. 土地等级调查

城镇土地等级是指根据市政建设情况、经济繁荣程度、商业发展程度、公用事业及交通状况、城市发展规划、工程地质条件及自然生态环境等条件综合评估而划分的等级。

各地方人民政府根据国家土地等级划分的总原则，结合本地区的特点制定适合本地区的地区性土地等级评估标准，并按该标准划分土地各等级的区域。房屋用地等级根据其所在区域的土地等级填写。房屋用地的等级是指经土地分等定级以后确定的土地级别。

4. 土地税费调查

房屋用地税费是指用地人每一年向土地管理部门或税务机关缴纳的土地使用税。土地税费的调查按税务机关提供的征税资料或者缴税人提供的缴税证明，按年计征额填写。其中属于免征对象应注明"免征"，并简注原因。对于外资企业和中外合资企业的用地，依照国家法律和国务院有关规定执行，调查中也必须向征收部门搜集有关资料填写。

5. 土地所有权性质调查

《中华人民共和国土地管理法》规定，城市市区的土地属国家所有。农村和城市郊区的土地，除由法律规定属于国家所有以外，属于集体所有。土地的所有制性质不受土地使用权人性质和土地上附着物产权性质的限制。即土地的所有制性质只有国家所有（简注"国有"）和集体所有（简注"集体"）两种情况。

6. 用地分类调查

一块用地内的房屋类别不完全相同时，以其主要的或多数的类别为准。一般来说，一块用地应分为一类，特殊情况下，可按用地内各栋房屋用地的实际情况分别划分类别。

7. 用地面积调查

调查房屋用地面积时，应根据用地单位合法取得土地使用权的文件或已进行过房屋用地登记的产权产籍档案资料进行调查。

房屋用地面积是指用地单位实得面积，即为实红线内的面积，实红线外、虚红线内的面积为代征面积。根据文件调查时，除记录实得面积外，还应对虚红线范围内的代征路、市政设施及各类通道所用面积进行调查记录。根据产权资料调查时，直接记录用地数量。

组合丘内，对丘面积和各权属单元的用地面积应逐一调查。几个权属单元因权属界线相互交错，分幅图上难以表示而划分的组合丘，丘内各权属单元用地面积总和应与丘面积比较。对其不符值应进行分析，查找原因，属于误差范畴的按各权属单元用地面积比例进行配赋，省去不符值，即保证各权属单元用地面积总和与丘面积相等。

由于各权属单元用地范围过小而集约划分的组合丘，丘范围内又包含公共隙地和市政道路及设施范围。此时丘的面积已没有太大的意义，用地面积调查时只对各权属单元用地面积逐一进行调查。

房产面积测算中，房屋用地面积指房屋实际合法使用的土地面积。测算方法参见房产面积量算一章内容。

(五) 房屋用地权属界线的调查

1. 房屋用地权属界址线的调查

房屋用地权属界址线是指用地单位合法使用土地范围的边界线，它是一条闭合曲线。房屋用地使用权的合法取得方式有征用、划拨、出让和转让等，其相应文件中对用地范围都有明确的说明，文件中所说明的用地范围即为红线范围，一般包含用地单位实得土地使用权的范围、消防通道、代征路及通过用地范围的国家交通干道和高压输电走道。

房产管理与房产测绘中的房屋用地界址线是指用地单位实际合法使用

土地范围的边界线，理论上应与红线范围内的实得土地范围相一致，但实际中往往并非如此，导致不相一致的原因有：界址线放样的偏差、历史违章、重新征用、划拨、出让与转让、土地灭失等。房产调查中对房屋用地界址线调查时，已进行确权登记的，以相关产权产籍资料为准，未进行确权的，调查人员必须根据资料档案结合实地情况，会同用地权利人和所涉及相邻关系的权利人现场共同指界确定，这也是土地权属调查的工作程序。对于资料档案和双方皆无法确定或存在争议的界址线，调查人员应如实详细做好记录，报请相关主管部门进一步落实解决。

2. 界标

界标是指房屋用地范围权属界址线的界址标志。

界标有"硬界"和"软界"之分。硬界是有明显和固定的线状地物作界线，包括房屋的墙沿、围墙、栅栏、铁丝网以及固定的坎、坡等。软界是没有明显的地物作界线。界标的"硬""软"界与界址线的"实""虚"界是两个不相同的概念。如前所述，"硬""软"界是从界址的界标上区分的，而"实""虚"界则是根据界址线位置是否明确来区分的。无论界址线上有无明显的硬界标志，当界址线有明确的位置时（包括实地的明确位置和资料中以界线定位点坐标约定的位置）即为实界，无明确的位置时便为虚界。但一般情况下虚界多为软界，虚界在房屋用地与公益事业用地相邻时或者以里弄划分为丘时出现的机会较多，此时，界址线内的房屋用地面积为概略值。

3. 用地的四至关系

房屋用地四邻地块情况为房屋用地的四至。房屋用地的四至一般按东、南、西、北概略方位，分别调查。与之相邻的是房屋用地时调查其权利人名称及其主要情况。与之相邻的是自然街道、沟、渠等一类线性地物或者空地植被时，则应填记自然街道或地形、植被名称。

(六) 房屋用地范围示意图的绘制及调查表的填制

1. 房屋用地范围示意图绘制

房屋用地范围示意图是以丘为单位，主要表示房屋用地范围及其权属界线，并用概略比例尺绘制的略图。

房屋用地范围示意图应表示的内容有：

（1）用地位置。

（2）用地界线及其权属，包括共用院落界线。

（3）界标及其类别。

（4）用地范围内房屋的位置及形状。

（5）注记房屋用地界线边长，包括共用院落的相对定位关系尺寸。

（6）标注用地四至方位符号。

2. 房屋用地调查表的填制

房屋用地调查表是进行房屋用地调查的标准表格。进行房屋用地调查时，应以丘为单位，按表中内容认真调查填制。对于组合丘，填制中还应注意如下问题。

（1）整丘的调查表是各支丘房屋用地调查表的索引，只需填写图幅号或房产分丘号、坐落、用地等级与分类、用地面积和用地示意图等共性项目，各支丘应分别另按调查表逐项填写。

（2）房屋用地调查表和房屋调查表相关内容应相互配套。

（3）房屋用地调查表整编时，序号栏应以整丘编序号，各支丘所用的调查表编为该整丘调查表所编序号的分号。序号与分号间用短直线连接。

（4）房屋用地调查表按房产（分）区进行或按图幅编订成册。

三、房屋调查

房屋是人们直接或辅助生产、生活、办公与学习的场所。它应具备门、窗、顶盖及围护设施。房产测绘及管理的主要对象是房屋及其用地，因此对房屋各要素的调查是房产调查的重要内容。

房屋调查内容包括房屋坐落、产权人、产别、层数、所在层次、建筑结构、建成年份、用途、墙体归属、权源、产权纠纷和他项权利等基本情况，以及绘制房屋权界线示意图。房屋调查应在房屋调查表的配合下进行，并同时绘制出房屋调查略图。

（一）幢和房产要素编号

1. 幢的定义

幢是房屋的计量单位，指一座独立的、包括不同结构和不同层次的房屋。几种特殊情况的分幢处理如下。

（1）房屋建成后又扩建、修建，其扩修部位无论其结构与原房屋结构是否相同，只要形成整体的，仍作为一幢。

（2）紧密相连的房屋，不可分割的，可作为一幢。

（3）多功能的综合楼，其主楼和裙楼合为一幢。

（4）房屋间以过道或通廊相连的，可独立分栋，过道或通廊作为房屋的共有共用设施处理。

2. 房产编号

这里的房产是指一个宗地内的房产。房产编号全长 17 位，字符型，如表 10-5 所示。编号前 13 位为该房产或户地所属宗地的编号。第 14 位为特征码（二值型）以"0"代表房产，以"1"代表户地（宅基地）。第 15～17 三位为该房产或户地在所属地块范围内按"弓"形顺序编的房产序号或户地序号（户地指农村居民点的宅基地）。

3. 房屋及构筑物要素编号

房屋及构筑物编号可依据《房产测量规范第 1 单元：房产测量规定》（GB/T 17986.1-2000）的有关规定进行编制。

房屋、构筑物编号全长 9 位。第 1 位、第 2 位，房屋产别，用两位数字表示到二级分类。第 3 位，房屋结构用一位数字表示。第 4 位、第 5 位，房屋层数，用两位字符表示。1～99 层用 1～99 表示，100 层以上（含 100 层）用字母加数字表示，如 100 层用"AO"表示，115 层用"B5"表示，其中 A 表示"10"，B 表示"11"依次类推。第 6 位、第 7 位，建成年限，用两位字符表示，取建成年份末两位数。

（二）房屋坐落调查

于多元产权房屋各权属单元，还应分别按其实际占有的建筑部位，调查单元号、层次、户号和室号。对于建立有档案资料的房屋，其图、册及页号也是房屋坐落的内容。图号为房屋所在分幅平面图的图号，册、页号是按房屋图卡整装订成册时，房屋所在的册、页所编定的序号。

(三) 房屋权属调查

房屋权属包括权利人、权属来源、产权性质、产别、墙体归属、房屋权属界线草图。

1. 房屋产权人调查

房屋产权人 (或称权利人) 是指依法享有房屋所有权和该房屋占用范围内的土地使用权、房产他项权利的法人、其他组织或自然人。

调查房屋产权人，一般应与有关房产产籍资料所记载的依法建设或取得房屋所有权的法人、其他组织或自然人的名称或姓名保持一致，法人和其他组织名称按其法定名称完整记录，不得简化注记，自然人用身份证件上姓名注记，必要时同时调查注记曾用名、别名和化名。

私人所有房屋，有产权证的按产权证上产权人姓名记录。产权人已死亡的，应注明代理人的姓名；产权是共有的，应注明全体共有人姓名；房屋是典当的，应注明典当人姓名及典当情况；产权人已死亡又无代理人，产权归属不清或无主房产，以 "已亡" "不清" "无主" 注记。没有产权证的私有房屋，其产权人应为依法建房或取得房屋户主的户籍姓名，并应调查未办理产权的原因。

单位所有的房屋，应注明具有法人资格的所有权单位的全称，不具备法人资格的单位不能作为房屋的所有权人。主管部门作为所有权人，但房产为其下属单位实际使用，除注记主管部门全称外，还应注明实际使用房产的单位全称。

两个以上单位共有的房屋，所有权人应注明全体共有单位名称。

房产管理部门直接管理的房屋，包括公产、代管产、托管产和拨用产，产权人均应注明市一级市 (县) 政府房产管理机关的全称。其中，代管产还应注明代管及原产权人姓名；托管产还应注明托管及委托人的姓名或单位名称；拨用产应注明房产管理部门的全称及拨借单位名称。

2. 产别调查

房屋产别是根据不同的产权占有主体而划分的类别。

3. 产权来源

产权来源是指房屋产权人取得房屋所有权的时间和方式，如继承、分析、买受、受赠、交换、自建、翻建、征用、收购、调拨、价拨、拨用等。房屋有两种以上产权来源并存时，应分别注明，并分别注明其各权源形式的房产份额。

权源依房屋所有权分类不同，其表现形式也不尽相同。

对于直管公产，其权源有接管、没收、捐献、抵账、移交、收购、交换、新建、"由代改接"、"由经改接"等；对于单位自管公产，其权源有新建、调拨、价拨、交换等；对于私产，其权源有继承、分析、买受、受赠、发还、自建、翻建等。

权源的表现形式，各地还会有其他提法，应根据具体情况按《房产测量规范第1单元：房产测量规定》（GB/T 17986.1-2000）要求进行归纳统一，以提高标准化水平。

权源应填记最近一次的权源事实表现形式。因为只要房屋发生权属转移事实，就要相对应地依法重新确立产权人，其权源即被另一种表现形式所取代。例如，在落实私房政策工作中对"文革产"的处理问题，按政策依法准予发还，这样其房产就发生了权属转移事实。对于重新取得房屋所有权的产权人来讲，其权源应是"发还"，而不是原"文革交公"前取得所有权的权源。

时间是指房屋所有权人取得该栋房屋所有权的有关文件上规定的日期。

（四）房屋情况调查

1. 房屋层数

房屋层数是指房屋自然层次的总层数。房屋层数是指房屋的自然层数，一般按室内地坪 ±0 以上计算；采光窗在室外地坪以上的半地下室，其室内层高在 2.20m 以上的，计算自然层数。房屋总层数为房屋地上层数与地下层数之和。假层、附层（夹层）、插层、阁楼（暗楼）、装饰性塔楼，以及突出屋面的楼梯间、水箱间不计层数。

计算房屋层数，一般从房屋室外地坪以上的楼层起算，对于按自然地形起伏变化竖向设计建造的房屋，从首层室外地坪以上起算。

调查房屋层数应注意以下几个问题。

（1）采光墙在室外地坪以上的半地下室，其室内高度在 2.2m（含 2.2m）

以上的应计层；

（2）地下室、假层、附层（夹层）、不足 2.2m 高的技术层、阁楼（暗楼）、装饰性塔楼，以及突出屋面的楼梯间、水箱间等均不计层；

（3）利用屋面搭盖的与正屋不同结构的房屋不计层；

（4）房屋建筑无论是现代还是历史的，各地建筑风格不同，形式多样且差异甚大，因此调查房屋层数，不应在室外凭直观获得调查结果，而应到房屋内部勘查。屋面上添建的不同结构的房屋不计算层数，但仍需测绘平面图且计算建筑面积。

2. 层次

层次指本权属单元的房屋在该幢楼房中的第几层。地下层次以负数表示。层次与层数是两个不同的概念。层次是一序号，层数是描述房屋层次多少的一个量。多元产权房屋中，层次与户号、室号一起组成该房产权属单元的具体坐落。

在存在跃层（复式结构）的房屋中，一般将其各部分首层划为第一层，以上相应部位划为同一层次。假层、附层（夹层）、阁楼（暗楼）不另编层次，将其划入相应层次之中，说明为"某层附层"等。

3. 建筑结构

房屋的建筑结构是指根据房屋的梁、柱、墙等主要承重构件的建筑材料划分的类别。确定房屋的建筑结构及其分类，基本目的是区别和反映房屋建筑的质量等级，按照其承重体系所采用的建筑材料而划分建筑结构的类别。

随着建材工业的更新换代和建筑科学的发展，大量采用新材料、新工艺，设计建造的高层建筑，大型综合楼不断涌现，房屋的结构也从单一趋向多元化，因此各地可根据需要，在现行六个分类基础上，自行拟定二级分类，并按正常手续报请有关主管部门审批。房屋建筑结构调查中，因房屋的粉刷和装饰掩盖了房屋的结构，使其很难直观分辨，因此要仔细勘查确认，必要时还应参考结构设计资料，切忌凭直觉判定。

4. 建成年份调查

房屋建成年份是指实际竣工年份。拆除翻建的，应以翻建竣工年份为准。调查房屋建成年份，不应用建成年代或时期取代。只有当较古老的房屋建筑调查其具体年份确有困难时，方可按建成年代或建成时期或地方上的习惯方法调查填表，但这种情况是少数。

建成年份仅用数字填表即可。此外，拆除原房后在原基础上翻修重建的房屋，以翻修竣工的年份为准，一幢房屋有两个以上的建成年份，应分别注明。

（五）房屋用途、面积情况调查

1. 房屋用途调查

房屋用途指房屋目前的实际用途，即房屋现在的使用状况。房屋的用途按两级分类，一级分8类，二级分28类。一幢房屋有两种以上用途的，应分别调查注明。

2. 房屋面积调查

房屋面积包括建筑占地面积、建筑面积、使用面积、共有面积、产权面积、宗地内的总建筑面积(简称总建筑面积)、套内建筑面积等。

(1)建筑占地面积(也称地基面积)。房屋的建筑占地面积是指房屋底层外墙(柱)所围水平面积，一般与底层房屋建筑面积相同。

(2)建筑面积。建筑面积是指房屋外墙(柱)勒脚以上各层的外围水平投影面积，包括阳台、挑廊、地下室、室外楼等，且具备上盖，结构牢固，层高2.2m以上(含2.20m)的永久性建筑。水平建筑面积是指房屋外墙勒脚以上墙身外围的水平面积，楼房建筑面积则指各层房屋墙身外围水平面积的总和。房屋建筑面积是房屋各层建筑面积的总和，它包括使用面积和共有面积两个部分。

(3)使用面积。使用面积是指房屋户内全部可供使用的空间面积，按房屋的内墙面水平投影计算，包括直接为办公、生产、经营或生活使用的面积和辅助用房的厨房、厕所或卫生间以及壁柜、户内过道、户内楼梯、阳台、地下室、附层(夹层)、2.2m以上(指建筑层高，含2.2m以下同)的阁(暗)楼等面积。

(4)共有面积。共有面积是指各产权主共同占有或使用的面积，主要包括：层高超过2.2m的单车库、设备层或技术层、室内外楼梯、楼梯悬挑平台、内外廊、门厅、电梯及机房、门斗、有柱雨篷、突出屋面有围护结构的楼梯间、电梯间及机房、水箱等面积。

（5）房屋的产权面积。房屋的产权面积是指产权主依法拥有房屋所有权的房屋建筑面积。房屋产权面积由直辖市、市、县房产行政主管部门登记确权认定。

（6）总建筑面积。总建筑面积等于计算容积率的建筑面积和不计算容积率的建筑面积之和。计算容积率的建筑面积包括使用建筑面积（含结构面积）（以下简称使用面积）、分摊的共有面积（以下简称共有面积）和未分摊的共有面积。面积测量计算中要明确区分计算容积率的建筑面积和不计算容积率的建筑面积。

（7）成套房屋的建筑面积。成套房屋建筑面积由套内建筑面积和分摊的共有共用建筑面积两部分组成。成套房屋的套内建筑面积由套内的房屋使用面积、套内墙体面积、套内阳台面积三部分组成。

（8）套内房屋使用面积。套内房屋使用面积是套内房屋使用空间的面积，水平投影面积按以下面积计算：套内使用面积为套内卧室、起居室、门厅、过道、厨房、卫生间、厕所、藏室、壁橱、壁柜等空间面积的总和。套内楼梯按自然层数的面积总和计入使用面积。不包括在结构面积内的套内烟囱、通风道、管道井均计入使用面积。内墙面装饰厚度计入使用面积。

（9）套内墙体面积。套内墙体面积是套内使用空间周围的围护或承重墙体或其他承重支撑体所占的面积，其中各套之间的分隔墙和套内公共建筑空间的分隔墙以及外墙（包括山墙）等共有墙，均按水平投影面积的一半计入套内墙体面积。套内自由墙体按水平投影面积全部计入套内墙体面积。

（10）套内阳台建筑面积。套内阳台建筑面积均按阳台外围与房屋墙体之间的水平投影面积计算。其中封闭的阳台按水平投影全部计算建筑面积。未封闭的阳台按水平投影的一半计算建筑面积。

（六）房屋分层、分户调查

1.分层调查

房屋的分层调查是准确测算房屋各层建筑面积，进而准确测算整栋建筑面积的基础工作。通过分层调查，定性确定房屋各部位及其附属构件的范围及功能，以利于面积逐一准确测算。

（1）层的说明：

①自然层：房屋中供人们正常生产、工作与学习的楼层。

②技术层：高层建筑为方便房屋上下部位使用而建设的楼层，主要功能为管网改道、承重部位变换等。

③地下层：设置于室外地坪面之下的楼层，其墙体和地坪一般经过防潮处理。与地下层相似的地下架空层是利用房屋架空基础而建造的楼层。

④平台层：房屋屋面层。在平台层上一般设有梯间、电梯控制间及水箱或水箱间等。

⑤假层：房屋的最上一层，四面外墙的高度一般低于自然层外墙的高度，内部房间利用部分屋架空间构成的非正式层，其净空高大于1.7m、面积不足底层1/2的部分叫假层。

⑥气层：利用房屋人字架的高度建成，并设有老虎窗。

⑦夹层和暗楼：建筑设计时，安插在上下两正式层之间的房屋，叫作夹层；房屋建成后，利用房屋上、下两正式层之间的空间添加建成的房间，叫暗楼。

⑧过街楼和吊楼：横跨里巷两边房屋建造的悬空房屋，叫作过街楼；一边依附于相邻房屋，另一边为支柱支撑的悬空房屋叫作吊楼，两者其上层均计为正式层，下面空间部分不计为层。

（2）附属结构房屋：

①阳台：按其位置分为：凹阳台、凸阳台、半凹半凸阳台；按其结构分为：内阳台、挑阳台；按其形式分为：封闭阳台、不封闭阳台。

②走廊：按其位置分为：内走廊、外走廊、通廊、檐廊；按其结构分为：柱廊、挑廊。

③天井、天篷：房屋中心用于采光和通风的中空部分为天井，当天井有顶篷时，称天篷。与天井结构上形式相似的还有通风井、垃圾道等。

④室外楼梯：建设于房屋主体外的楼梯。

（3）层高。上下两层楼面或楼面与地面之间的垂直距离。

2. 分户调查

多元产权房屋中，分户调查确定各户（权属单元）独立用房范围和共有共用的用房范围、户间界墙的权属以及共有共用房的共有共用关系，并同时收集各权属单元对房产的划分约定协议。

(七) 墙体归属、产权纠纷和他项权利记录

1. 墙体归属的调查

房屋墙体是房屋的主要结构，严格地讲墙体和其他结构本身是整栋房屋所公共的，这里讲的墙体归属主要指墙体投影面积的产权归属，其产权归属涉及产权人的权利范围与关系。调查房屋墙体归属是定界确权和测绘房产分丘图、分户图的重要依据。

墙体归属以权属单元为单位调查。墙体的归属根据具体情况可划分为自有墙、共有墙和借墙三种。墙体归属调查时，依据相应的产权产籍资料，由毗邻各权利人共同确定，并及时在权界示意图中加以记录表示。如果产权产籍资料及权利人双方对某一界墙的归属存在争议、难以确定时，应及时做好协调工作，并在主管部门的指导下尽量对争议部位的权属依法加以明确。

2. 他项权利

他项权利是指房屋所有权上设置有其他权利。种类有典权、抵押权等。

典权，典权俗称"典当"，亦称"活卖"，是指房屋产权人将其房产以商定的典价典给承典人，承典人取得使用房屋的权利。

抵押权指房屋产权人为清偿自身或他人债务，通过事先约定将自己所有房产作为担保物，抵押给抵押权人的权力。

房屋所有权上发生他项权利时，调查时，应根据产权产籍资料记载事实结合实际情况加以记录。

(八) 房屋调查示意图及房屋调查表的填写

1. 分幢调查示意图

分幢调查房屋房产要素的同时，应以丘为单位按概略方位和比例尺绘制房屋调查示意图。示意图反映出各房屋的形状、相对位置、四邻关系以及各房屋的编号。对于单栋房屋各层结构变化较大的还应以层为单位，逐层绘制各层房屋示意图，反映出各层的主体形状和各附属设施的位置及用途。

2. 房屋分层、分户调查示意图

绘制房屋分层、分户示意图时，首先应搜集房屋施工平面图及分户

资料，再依据资料结合实际调查情况，以层为单位，按概略比例逐户进行绘制。

表示的内容包括分层房屋主体及该层附层构件位置及名称，各分户范围及分户用房界线，共有共用部位范围及其用途，墙体归属和争议权界。

绘制房屋调查示意图时，应按"规范"图式绘制。房屋调查示意图可以作为房屋测丈记录略图。

3.房屋调查表的填写

房屋调查表以丘和幢为单位逐项实地调查。组合丘内支丘中的房屋，填制房屋调查表时还需说明以下几点。

（1）以用地单元丘为单位填制索引表，项目只填序号、房屋坐落、产别、幢号、总层数、建筑结构、建成年份、总占地面积和总建筑面积等（其他项目均可不予填写）；再以权属单元为单位分别填表，各权属单元按表式据实填写各自占有情况和房屋基本情况的具体内容。

（2）各权属单元填表完毕，其面积等计量项目必须与索引表填列项目实现归口平衡。

（3）表的序号栏，应连同索引表和各权属单元的分表一并记数编号；总号（页）在前，分号在后，中间用短直线连接；分号则以索引表在前，各权属单元在后并按所在层次，房（室）号的有序排列规则依次编号。

四、行政境界与地理名称调查

在房产调查中除对房屋用地进行调查外，还要对行政境界与地理名称进行调查，并标绘在房产平面图上。行政境界调查应依照各级地方人民政府划定的行政境界位置，调查区、镇、县的行政区划范围。对于街道或乡的行政区划，可根据需要进行调查。行政境界调查按下述要求进行。

（1）调查应符合国务院、国家测绘行政主管部门、地方政府及其测绘行政主管部门的有关法规、办法的要求。调查必须以相应的定界文件等资料为依据。

（2）各级行政境界调查，在参照搜集的有关资料的基础上，必须现场核实并反映最新境界现状。

（3）有争议的行政境界线，应符合有关法规和办法所规定的要求。

（4）调查对象，一般调查到县、区、镇以上的境界。其他境界可视其需要调查。

（5）相邻的行政区相互渗透、插花时，也应逐一调查核实。

地理名称调查（地名调查）包括居民地、道路、河流、广场等自然名称，镇以上人民政府等各级行政机构名称，工矿、企事业等单位名称的调查。

自然名称调查是指居民点、街道、里、巷等地名和山岭、沟谷、江、河流、湖泊等。自然名称应根据各地人民政府地名管理机构公布的标准名称，或公安机关编定的地名进行调查。凡在调查区域范围内的所有地名及名胜均应调查。

用地单位名称调查是指实际使用房屋用地的工矿、企事业等单位的名称。使用单位的名称应调查实际使用该房屋及其用地的企事业单位全称。

行政机构名称调注是指各级政府行政机构的名称。其调查不分级别，要求与房屋用地实际使用单位名称调查相同。当行政名称与自然名称相同时，亦应分别注记，其自然名称于前，行政名称于后，并加以括号区别。对于地名或副名与曾用名一般应全部调查，并用不同的字级分别注记。若同一地名被线状或线状图廓线分割，或不能概括的大面积和延伸较长的地域、地物，则应分几处注记。

通过实地调查所填写的"房屋调查表"及"房屋用地调查表"的内容，可以作为建立房产卡片、统计房产各项数据及信息的基础资料。房产调查是房产平面图测绘的前提与依据，两者结合起来可以全面掌握房产的现状，为房产的经营和管理打好基础。

第四节　房产要素测量

房产要素测量的目的是测定房屋和房屋用地及其相关要素的几何位置，包括坐标或边长。主要的要素有界址点和界址线、房角点和房屋轮廓线，以及房屋的附属设施和房屋围护物的几何位置或相关数据，还有铁路、公路、街道、水域以及相关地物的位置测量，有时还要进行行政境界点和境界线的测量。

一、房产要素测量的主要内容

(一) 界址测量

1. 界址点的编号

以高斯投影的一个整公里格网为编号区，每个编号区的代码以该公里格网西南角的横纵坐标公里值表示。点的编号在一个编号区内从 1～99999 连续顺编。点的完整编号由编号区代码、点的类别代码、点号三部分组成，编号形式如下：编号区代码 (9位) + 类别代码 (1位) + 点的编号 (5位)。

编号区代码由 9 位数组成，第 1、2 位数为高斯坐标投影带的带号和代号，第 3 位数为横坐标的百公里数，第 4、5 位数为纵坐标的千公里和百公里数，第 6、7 位和第 8、9 位数分别为横坐标和纵坐标的十公里和整公里数。

类别代码用 1 位数表示，其中 3 表示界址点。点的编号用 5 位数表示，从 1～99999 连续顺编。

2. 界址点测量

从邻近基本控制点或高级界址点起算，以极坐标法、支导线法或正交法等野外解析法测定，也可在全野外数据采集时和其他房地产要素同时测定。

3. 丘界线测量

需要测定丘界线边长时，用预检过的钢尺丈量其边长，丘界线丈量精度应符合《房产测量规范第 1 单元：房产测量规定》(GB/T 17986.1-2000) 的规定，也可由相邻界址点的解析坐标计算丘界线长度。对不规则的弧形丘界线，可按折线分段丈量。测量结果应标示在分丘图上。作为供计算丘面积及复丈检测的依据。

4. 界标地物测量

应根据设立的界标类别、权属界址位置 (内、中、外) 选用各种测量方法测定，其测量精度应符合《房产测量规范》的规定，测量结果应标示在分丘图上。

界标与邻近较永久性的地物宜进行联测。

(二) 界测量

行政境界测量包括国界线以及国内各级行政区划界。测绘国界时，应根据边界条约或有关边界的正式文件精确测定，国界线上的界桩点应按坐标值展绘，注出编号，并尽量注出高程。国内各级行政区划界应根据勘界协议、有关文件准确测绘，各级行政区划界上的界桩、界碑按其坐标值展绘。

(三) 房屋及其附属设施测量

1. 房屋测量

应逐幢测绘，不同产别、不同建筑结构、不同层数的房屋应分别测量，独立成幢房屋，以房屋四面墙体外侧为界测量；毗连房屋四面墙体，在房屋所有人指界下，区分自有、共有或借墙，以墙体所有权范围为界测量。每幢房屋除按《房产测量规范》要求的精度测定其平面位置外，应分幢分户丈量作图。丈量房屋以勒脚以上墙角为准；测绘房屋以外墙水平投影为准。

2. 房屋附属设施测量

柱廊以柱外围为准；檐廊以外轮廓投影，架空通廊以外轮廓水平投影为准；门廊以柱或围护物外围为准；独立柱的门廊以顶盖投影为准；挑廊以外轮廓投影为准。阳台以底板投影为准；门墩以墩外围为准；门顶以顶盖投影为准；室外楼梯和台阶以外围水平投影为准。

3. 房角点测量

指对建筑物角点测量，其点的编号方法除点的类别代码外，其余均与界址点相同，房角点的类别代码为4。

房角点测量不要求在墙角上都设置标志，可以房屋外墙勒脚以上 (100 ± 20) cm 处墙角为测点。房角点测量一般采用极坐标法、正交法测量。对正规的矩形建筑物，可直接测定3个房角点坐标，另一个房角点的坐标可通过计算求出。

4. 建筑物、构筑物测量

指不属于房屋，不计算房屋建筑面积的独立地物以及工矿专用或公用的贮水池、油库、地下人防干支线等。

独立地物的测量，应根据地物的几何图形测定其定位点。亭以柱外围为准；塔、烟囱、罐以底部外围轮廓为准；水井以中心为准。构筑物按需要测量。

共有部位测量前，须对共有部位认定，认定时可参照购房协议、房屋买卖合同中设定的共有部位，经实地调查后予以确认。

(四)陆地交通、水域测量

(1)陆地交通测量。指铁路、道路桥梁测量。铁路以轨距外缘为准，道路以路缘为准，桥梁以桥头和桥身外围为准测量。

(2)水域测量。指河流、湖泊、水库、沟渠、水塘测量。河流、湖泊、水库等水域以岸边线为准；沟渠池塘以坡顶为准测量。

(五)其他相关地物测量

其他相关地物是指天桥、站台、阶梯路、游泳池、消火栓、检阅台、碑以及地下构筑物等。

消火栓、碑不测其外围轮廓，以符号中心定位。天桥、阶梯路均依比例绘出，取其水平投影位置。站台、游泳池均依边线测绘，内加简注。地下铁道、过街地道等不测出其地下物的位置，只表示出入口位置。

二、房产要素测量的主要方法

(一)野外解析法测量

1.极坐标法测量

(1)采用极坐标法时，由平面控制点或自由设站的测量站点，通过测量方向和距离，来测定目标点的位置。

(2)界址点的坐标一般应有两个不同测站点测定的结果，取两成果的中数作为该点的最后结果。

(3)对于间距很短的相邻界址点，应由同一条线路的控制点进行测量。

(4)可增设辅助房产控制点，补充现有控制点的不足；辅助房产控制点参照三级房产平面控制点的有关规定执行，但可以不埋设永久性的固定标志。

(5)极坐标法测量可用全站型电子速测仪，也可用经纬仪配以光电测距仪或其他符合精度要求的测量设备。

2. 正交法测量

正交法又称直角坐标法，它是借助测线和短边支距测定目标点的方法。正交法使用钢尺丈量距离配以直角棱镜作业。支距长度不得超过 50m。正交法测量使用的钢尺必须经检定合格。

3. 线交会法测量

线交会法又称距离交会法，它是借助控制点、界址点和房角点的解析坐标值，按三边测量定出测站点坐标，以测定目标点的方法。

(二) 航空摄影测量

利用航空摄影测量方法测绘 1∶500、1∶1000 的房产分幅平面图，可采用精密立体测图仪、解析测图仪、精密立体坐标量测仪机助测图和数字测图方法。

1. 对航摄资料的基本要求

按《1∶5001∶10001∶2000 地形图航空摄影规范》(GB 6962-2005)执行。

2. 像片控制点测量

(1) 像片控制点分为平面控制点、高程控制点和平高控制点。

(2) 像片控制点的起算点为基本控制点。

(3) 平面控制点和平高控制点相对邻近基本控制点的点位中误差不超过图上的 ±0.1mm。高程控制点和平高控制点相对邻近高程控制点的高程中误差不超过 ±0.1m。

(4) 像片控制点可以采用全野外布点法或解析空中三角测量区域网平差布点法。

(5) 像片控制点的平面坐标，一般采用三角网、三边网、测距导线和 GPS 静态相对定位测量等方法测定。

(6) 位于高层建筑物上的像片控制点，允许用 GPS 方法测定平面位置的同时，同步测定拟合计算平高控制点的高程。

(7) 内业加密点分为平面加密点、高程加密点和平高加密点。

3. 像片调绘与调绘志

（1）用航空摄影测量方法测绘房产图，一般采用全野外像片调绘和立体测图仪测绘的方法。当采用立体测绘仪测绘时，可以在室内用精密立体测绘仪或解析测图仪进行地物要素的测绘，然后用所测绘的原图到外业进行地物要素的补调或补测。要求判读准确，描绘清楚，图式符号运用恰当，各种注记正确无误。

（2）调绘像片和航测原图上各种要素应分红、绿、黑三色表示。其中房产要素、房产编号和说明用红色，水系用绿色，其他用黑色。

（3）像片上无影像、影像模糊和被影像或阴影遮盖的地物，应在调绘期间进行补调或补测。

（4）外业直接在像片上表示某些要素有一定困难，可采用"调绘志"方法，即在调绘片上蒙附等大的聚酯薄膜，划出调绘面积与像片上准确套合，作业中着重对界址、权属界线、阴影、屋檐改正等有关情况及数字，记录在上面，表述有关地物的形状、尺寸及相关位置或某些说明资料，为内业提供应用。

4. 外业补测

对像片上无影像的地物、影像模糊的地物、被阴影或树木影像覆盖的地物，作业期间应进行补调或补测。补调可采用以明显地物点为起点的交会法或截距法，在像片上或调会志上标明与明显地物点的相关距离 2 ~ 3 处，取位至 0.01m；补测或补调难度较大且影响精度时采用平板仪作业。对航摄后拆除的地物，则应在像片相应位置用红色划去，成片的应标出范围并加文字说明。

5. 屋檐宽度测量与屋檐改正

当屋檐宽度大于图上 0.2mm 时，应在像片或采集原图上相应位置注明实量的宽度，丈量取位至 0.01m。内业立体测图或图形编辑时应根据实量长度对屋檐进行改正。

6. 数据采集

（1）利用航空摄影像片对在解析测图仪或数字化扫描仪上采用航测数字测图的原理和方法获得数字图，以满足房产管理的需要。

（2）数据采集可以选用各类解析测图仪或精密立体测图仪与图形工作站联机作业。

（3）解析测图仪内定向的框标坐标量测误差不超过 ±0.005mm，个别不得超过 ±0.008mm；绝对定向的平面坐标误差不超过图上 ±0.3mm，个别不得超过 ±0.4mm；高程定向误差不超过加密点的高程中误差；绘图桌定向的平面误差不超过图上 ±0.3mm。定向残差要配赋至最小，且配赋合理。

（4）建立统一的符号库和控制点文件库。

（5）相邻图幅图形文件必须严格接边。

（6）数据量测主要是规定量测模型的比例尺、数据量测间距、量测元素的颜色等；量测有方向性的线状地物符号应用符号部分落在量测方向的左侧；图像轮廓明显清晰的房屋、围护物等地物，按图式要求用测标中心切准地物外轮廓和定位点、定位线，不得遗漏、变形、移位。

（7）房产数字图的数据采集成果应进行检核，在保证数据采集成果无误的基础上才能进行数据处理及图形编辑。

7. 数据处理与图形采集

数据处理包括数据的检查和更新、数据的选取和运算、图形的变换和表示等。图形编辑包括按有关技术规定建立符号库、规定图形要素的层次及颜色、数字注记和文字注记应符合《房产测量规范第 2 单元：房产图图式》（GB/T 17986.2-2000）的规定。

8. 根据要求的文件格式建立数据文件与图形文件

对于城市房地产测量，采用航空摄影测量时宜进行仔细的分析与评估。一般而言，对于建筑物密集或树木较多等隐蔽地区的城镇地区，不宜采用航空摄影测量。

（三）全野外数据采集

1. 全野外数据采集的主要内容

全野外数据采集指利用电子速测仪和电子记簿或便携式计算机所组成的野外数据采集系统，记录的数据可以直接传输至计算机，通过人机交互处理生成图形数据文件，可自动绘制房地产图。

2. 主要技术指标与技术要求

（1）每个测站应输入测站点点号和测站点坐标、仪器号、指标差、视准轴误差、观测日期、仪器高等参数。

（2）仪器对中偏差不超过 ±3mm；仪器高、觇点高数值取至厘米；加、乘常数改正不超过 1cm 时可不进行改正。

（3）以较远点定向，以另一已知点做检核，检核较差不得超过 ±0.1m，数据采集结束后，应对起始方向进行检查。

（4）观测时，水平角和垂直角读至 1'，测距读到 1mm，最大距离一般不超过 200m，施测困难地区可适当放宽，但距离超过 100m 时，水平角读至 0.1'。

（5）观测棱镜时，棱镜气泡应居中，如棱镜中心不能直接安置于目标点的中心时，应做棱镜偏心改正。

（6）野外作业过程中应绘制测量草图，草图上的点号和输入记录的点号应一一对应。

3. 作业代码

野外作业时可以使用自编的房地产要素代码，代码应以有利于对数据的编辑处理，且易为观测人员记忆和减少野外作业的工作量。

4. 数据采集的软件

每日施测前，应对数据采集软件进行测试；当日工作结束以后，应检查录入数据是否齐全和正确。

5. 图形编辑

将外业采集的图形数据在计算机屏幕上进行编辑修改和检查，形成图形文件。生成绘图文件，通过数控绘图仪可自动绘制房地产图。

6. 测绘精度

全野外数据的采集精度应符合房产分幅平面图与房产要素测量的精度要求、房产界址点的精度要求、房角点的精度要求。

第五节　房地产图绘制

一、房产图的基本知识

（一）房产图的分类

房产图是房屋产权、产籍、产业管理的重要资料，按房产管理需要，分为房产分幅平面图、房产分丘图和房产分层分户图。此外，为了野外施测的需要，通常还绘制房产测量草图。

(二) 房产图的作用

房产分幅图、分丘图、分层分户图以及房产测量草图，因图上所反映的内容不同，各有侧重，因此房产分幅图、分丘图、分层分户图和房产测量草图所起的作用也各不相同。

1. 房产分幅图的作用

房产分幅图是全面反映房屋及其用地位置和权属等状况的基本图件，也是测绘分丘图和分户图的基础资料，同时也为房产登记和建立产籍资料提供索引和参考。房产分幅图以幅绘制。

2. 房产分丘图的作用

房产分丘图是房产分幅图的局部图，用于反映本丘内所有房屋及其用地情况、权界位置、界址点、房角点、房屋建筑面积、用地面积、四至关系、权利状态等各项房产要素。同时，也是绘制房产权证附图的基本图。房产分丘图以丘为单位绘制。

3. 房产分层分户图的作用

房产分层分户图是在分丘图基础上绘制的以一户产权人为单位，表示房屋权属范围的细部图。它是根据各户所有房屋的权属情况，分幢或分层对本户所有房屋的坐落、结构、产别、层数、层次、墙体归属、权利状态、产权面积、共有分摊面积及其用地范围等各项房产要素，以明确异产毗连房屋的权利界线，供核发房屋所有权证附图使用。房产分户图以产权登记户为单位绘制。

4. 房产测量草图的作用

房产测量草图包括房产分幅图测量草图和房产分户图测量草图。房产分幅图测量草图是地块、建筑物、位置关系和房产调查的实地记录，是展绘地块界址、房屋、计算面积和填写房产登记表的原始根据。在进行房产图测量时，应根据项目内容要求绘制房产分幅图测量草图。房产分户图测量草图是产权人房屋的几何形状、边长及四至关系的实地记录，是计算房屋权属单元套内建筑面积、阳台建筑面积、共用分摊系数、分摊面积及总建筑面积的原始资料凭证。

(三)房产图测绘内容与要求

1. 房产分幅图测绘的内容与要求

房产分幅图应表示的内容包括：控制点、行政境界、丘界、房屋、房屋附属设施、房屋围护物等房产要素及其编号和房产有关的地籍地形要素和地理名称注记等。

(1)平面控制点包括基本控制点和图根控制点。

(2)行政境界一般只表示区(县)和乡(镇)境界，其他境界根据需要时表示。境界线重合时，用高一级境界线表示；境界线与丘界线重合时，用丘界线表示；境界线跨越图幅时，应在内外图廓间的界端注出行政区划名称。

(3)丘界线不分组合丘和独立丘。权属界线明确又无争议的丘界和有争议或未明确丘界，分别用丘界线和未定丘界线表示；丘界线与房屋轮廓线重合时，用丘界线表示；丘界线与单线地物重合时，单线地物符号线按丘界线线粗表示。

(4)一般房屋不分种类和特征，均以实线绘出；架空房屋用虚线表示；临时性过渡房屋及活动房屋不表示。墙体凹凸小于0.2m以及装饰性的柱、垛和加固墙等均不表示。

(5)房屋附属设施包括：廊、阳台、门和门墩、门顶、室外楼梯、台阶等。房屋附属设施均应测绘，其中室外楼梯以水平投影为准，宽度小于图上1mm的不表示；门顶以顶盖投影为准；与房屋相连的台阶按水平投影表示，不足五阶的台阶不表示。

(6)房屋围护物包括：围墙、栅栏、栏杆、篱笆和铁丝网等均应实测，其他围护物根据需要表示。临时性的、残缺不全的和单位内部的围护物不表示。

(7)房产要素及其编号包括：丘号、房产区号、房产分区号、丘支号、幢号、房产权号、门牌号、房屋产别、结构、层数、房屋用途及用地分类等。根据调查资料以相应的数字、代码、文字和符号表示。注记过密容纳不下时，除丘号、丘支号、幢号和房屋权号必须注记外，门牌号可首尾两端注记、中间跳注，其他注记按上述顺序从后往前省略。

(8) 与房产管理有关的地形要素包括铁路、道路、桥梁、水系和城墙等地物均应表示。铁路以两轨外缘为准；桥梁以外围投影为准；道路以路缘为准；城墙以基部为准；水系以坡顶为准。水塘游泳池等应加简注。亭、塔、烟囱以及水井、停车场、球场、花圃、草地等可根据需要表示。

(9) 地理名称注记包括：自然名称、镇以上人民政府等行政机构名称、工矿、企事业单位名称。单位名称只注记区 (县) 级以上和使用面积大于图 ± 100cm^2 的单位。

2. 房产分丘图测绘内容和要求

房产分丘平面图的内容除表示分幅图的内容外，还应表示房屋的权界线、界址点、界址点点号，窑洞的使用范围，挑廊、阳台、房屋建成年份，丘界长度，房屋边长，用地面积，建筑面积，墙体归属和四至关系等各项房产要素。

测绘本丘的房屋和用地界限时，应适当绘出邻丘相邻地物。

共有墙体以中间为界，量至墙体的1/2处；借墙量至墙体内侧；自有墙量至墙体外侧；窑洞、庭湖使用范围量至洞壁内侧。

房屋的权界线与丘界线重合时，用丘界线表示；房屋的权界线与轮廓线重合时，用房屋权界线表示。

挑廊、挑阳台、架空通廊以外围投影为准，用虚线表示。

3. 房产分户图测绘的内容和要求

房产分户图的内容包括：房屋权界线、房屋边长、墙体归属、建筑面积、分摊共用面积、楼梯、走道、地名、门牌号、图幅号、丘号、幢号、层次、室号等。房屋边长应实量，取位注记至0.01m。不规则房屋边长丈量应加量辅助线，共有部位应在范围内加简注。

4. 房产分幅图测量草图的内容

房产分幅图测量草图的内容应包括：

(1) 平面控制点和控制点点号；

(2) 界址点和房角点；

(3) 道路、水域；

(4) 有关地理名称、门牌号；

(5) 观测手簿中所有未记录的测定参数；

（6）为检校而量测的线长和辅助线长；

（7）测量草图的必要说明；

（8）测绘比例尺、精度等级、指北方向线；

（9）测量日期、作业员签名。

（四）房产图测绘的范围

1. 房产分幅图的测绘范围

房产分幅图的测绘范围包括城市、县城、建制镇的建成区和建成区以外的工矿、企事业单位及与其毗连的居民点的房屋测绘，应与开展城镇房屋所有权登记的范围相一致。

2. 房产分丘图的测绘范围

丘是指地表上一块有界空间的地块。一个地块只属于一个产权单元时称独立丘，一个地块属于几个产权单元时称组合丘。有固定界标的按固定界标划分，没有固定界标的按自然界线划分。房产分丘图以房产分区为单元划分进行实地测绘或利用房产分幅图和房产调查表编绘而成。

3. 房产分户图的测绘范围

房产分户图的测绘范围是以各户房屋权利范围大小等为一产权单元户，即以一幢房屋和几幢房屋及一幢房屋某一层中的某一权属单元户为单位绘制而成的分户图。

4. 房产测量草图的测绘范围

房产测量草图的测绘范围，一般包括房屋、用地草图测量、全野外数据采集测量草图和房屋分户草图测绘。

（五）房产图的坐标系统与测图比例尺

1. 房产图的坐标系统

房产分幅图应采用国家坐标系统或沿用该地区已有的坐标系统，地方坐标系统应尽量与国家坐标系统联测。根据测区的地理位置和平均高程，以投影长度变形角不超过 2.5cm/km 为原则选择坐标系统。面积小于 25km 的测区，可不经投影，直接采用平面直角坐标系统。房产图一般不表示高程。

2. 房产图的测图比例尺

（1）房产分幅图的比例尺。房产分幅图成图比例尺可分为：城镇建成区一般采用 1∶500 的比例尺测图；远离建成区的工矿区、企事业单位及其相毗连的居民点也可采用 1∶1000 的比例尺测图。

（2）房产分丘图的比例尺。房产分丘图成图比例尺如按分幅图描绘，可依房产分幅图比例尺大小来确定。如需另外测绘，分丘图的比例尺应根据丘面积的大小在 1∶100～1∶1000 的比例尺之间选用。

（3）房产分户图比例尺。房产分户图成图比例尺一般为 1∶200，当房屋图形过大或过小时比例尺可适当放大或缩小。

（4）房产测量草图比例尺。房产测量草图应选择合适的概略比例尺，使其内容清晰、易读，在内容较集中的地方可移位出局部图形。

二、房产分幅图测绘

房产分幅图是全面反映房屋及其用地的位置和权属等状况的基本图，是测绘分丘图和分户图的基础资料，也是房产登记和建立产籍资料的索引和参考资料。分幅图的绘制范围包括城市、县城、建制镇的建成区和建成区以外的工矿企事业等单位及毗连居民点。分幅图采用 50cm×50cm 正方形分幅。建筑物密集地区的分幅图一般采用 1∶500 的比例尺，其他区域的分幅图可以采用 1∶1000 的比例尺。分幅图的图纸采用厚度为 0.07～0.1mm 的经定型处理、变形率小于 0.02% 的聚酯薄膜。分幅图的颜色一般采用单色。分幅图中应包括控制点、行政境界、丘界、房屋、附属设施和房屋围护物，以及与房地产有关的地籍要素和注记。

（一）分幅图绘制的技术要求

（1）房地产要素的点位精度按房产分幅平面图与房产要素测量的精度的规定执行。

（2）图幅的接边误差不超过地物点点位中误差的 2.2 倍，并应保持相关位置的正确和避免局部变形。

(二) 分幅图的编号

分幅图编号以高斯—克吕格坐标的整公里格网为编号区，由编号区代码加分幅图代码组成，编号区的代码以该公里格网西南角的横纵坐标公里值表示。

编号区代码由9位数组成，代码含义如下。

第1、2位数为高斯坐标投影带的带号或代号，第3位数为横坐标的百公里数，第4、5位数为纵坐标的千公里和百公里数，第6、7位和第8、9位数分别为横坐标和纵坐标的十公里和整公里数。

在分幅图上标注分幅图编号时可采用简略编号，简略编号略去编号区代码中的百公里和百公里以前的数值。

(三) 分幅图绘制中各要素的取舍与表示办法

1. 行政境界

一般只表示区、县和镇的境界线，街道办事处或乡的境界根据需要表示。境界线重合时，用高一级境界线表示；境界线与丘界线重合时，用丘界线表示；境界线跨越图幅时，应在内外图廓间的界端注出行政区划名称。

2. 丘界线表示方法

明确无争议的丘界线用丘界线表示，有争议或无明显界线又提不出凭证的丘界线用未定丘界线表示。丘界线与房屋轮廓线或单线地物线重合时用丘界线表示。

3. 房屋

包括一般房屋、架空房屋和窑洞等。房屋应分幢测绘，以外墙勒脚以上外围轮廓的水平投影为准，装饰性的柱和加固墙等一般不表示；临时性的过渡房屋及活动房屋不表示；同幢房屋层数不同的，应绘出分层线，分层线用虚线表示。

架空房屋以房屋外围轮廓投影为准，用虚线表示；虚线内四角加绘小圈表示支柱。

4. 房屋附属设施

分幅图上应绘制房屋附属设施，包括柱廊、檐廊、架空通廊、底层阳台、门廊、门楼、门、门墩和室外楼梯，以及和房屋相连的台阶等。

（1）廊以柱的外围为准，图上只表示四角或转折处的支柱。

（2）底层阳台以底板投影为准。

（3）门廊以柱或围护物外围为准，独立柱的门廊以顶盖投影为准。

（4）门顶以顶盖投影为准。

（5）门墩以墩的外围为准。

室外楼梯以水平投影为准，宽度小于图上 1mm 的不表示；与房屋相连的台阶按水平投影表示，不足五阶的不表示。

5. 界标围护物

围墙、栅栏、栏杆、篱笆和铁丝网等界标围护物均应表示，其他围护物根据需要表示。临时性的、残缺不全的和单位内部的围护物不表示。

6. 分幅图上应表示的内容

分幅图上应表示的房地产要素和房产编号包括丘号、房产区号、房产分区号、丘支号、幢号、房产权号、门牌号、房屋产别、结构、层数、房屋用途和用地分类等，根据调查资料以相应的数字、文字和符号表示。当注记过密容纳不下时，除丘号、丘支号、幢号和房产权号必须注记，门牌号可首末两端注记、中间跳号注记外，其他注记按上述顺序从后往前省略。

7. 与房产管理有关的地形要素

与房产管理有关的地形要素包括铁路、道路、桥梁、水系和城墙等地物均应表示。亭、塔、烟囱以及水井、停车场、球场、花圃、草地等可根据需要表示。

（1）铁路以两轨外缘为准；道路以路缘为准；桥梁以外围投影为准，城墙以基部为准；沟、渠、水塘、游泳池等以坡顶为准；其中水塘、游泳池等应加简注。

（2）亭以柱的外围为准；塔、烟囱和罐以底部外围轮廓为准；水井以井的中心为准；停车场、球场、花圃、草地等以地类界线表示，并加注相应符号或加简注。

（四）地理名称注记

（1）地名的总名与分名应用不同的字级分别注记。

（2）同一地名被线状地物和图廓分割或者不能概括大面积和延伸较长的地域、地物时，应分别调注。

（3）单位名称只注记区、县级以上和使用面积大于图上 100cm² 的单位。

（五）图边处理与图面检查

（1）接边差。不得大于《房产测量规范》规定的界址点、地物点位中误差的 2.2 倍，并应保证房屋轮廓线、丘界线和主要地物的相互位置及走向的正确性。

（2）自由图边。在测绘过程中应加强检查，确保无误。

（六）图廓整饰

（1）分幅图。分幅图图幅编号按分幅图的编号规定执行。

（2）分幅图、分丘图。分幅图、分丘图上每隔 10cm 展绘坐标网点，图廓线上坐标网线向内侧绘 5.0mm 短线，图内绘 10.0mm 的十字坐标线。

（3）图名。分幅图上一般不注图名，如注图名时图廓左上角应加绘图名结合表。

（4）航测时间和调绘时间。采用航测法成图时，图廓左下角应加注航摄时间和调绘时间。

（七）房产分幅图的测绘方法

房产分幅图的测绘方法与一般地形图测绘和地籍图测绘并无本质的不同，主要是为了满足房产管理的需要，以房地产调查为依据，突出房产要素和权属关系，以确定房屋所有权和土地使用权权属界线为重点，准确地反映房屋和土地的利用现状，精确地测算房屋建筑面积和土地使用面积。测绘分幅图应按照《房产测量规范》的有关技术规定进行。

房产分幅图的测绘方法，可根据测区的情况和条件而定。当测区已有现势性较强的城市大比例尺地形图或地籍图时，可采用增测编绘法；否则，应采用实测法。

1. 房产分幅图实测法

若无地物现势性较强的地形图或地籍图时，为建立房地产档案，配合房地产产权登记，发放土地使用权与房产所有权证，必须进行房产分幅图的测绘。测图的步骤与地籍图测绘基本相同，在房产调查和房地产平面控制测量的基础上，测量界址点坐标（一级、二级界址点）、界址点平面位置（三级界址点）和房屋等地物的平面位置。实测的方法有平板仪测绘法、小平板与经纬仪测绘法、经纬仪与光电测距仪测记法、全站仪采集数据法等。采用实测法测绘的房产分幅图质量较高，且可读性强。

2. 房产分幅图的增测编绘法

（1）利用地形图增测编绘。利用城市已有的 1∶500 或 1∶1000 的大比例尺地形图编绘成房产分幅图时，在房地产调查的基础上，以门牌、院落、地块为单位，实测用地界线，构成完整封闭的用地单元——丘。丘界线的转折点（界址点）如果不是明显的地物点，则应补测，并实量界址边长；逐幢房屋实量外墙边长和附属设施的长宽，丈量房屋与房屋或其他地物之间的距离关系，经检查无误后方可展绘在地形图上；对原地形图上已不符合现状的部分，应进行修测或补测；最后注记房产要素。

（2）利用地籍图增补测绘。利用地籍图增补测绘成图是房产分幅图成图的方向。因为房产和地产是密不可分的，土地是房屋的载体，房屋依地而建，房屋所有权与土地使用权的主体应该一致，土地的使用范围和使用权限应根据房屋所有权和房屋状况来确定。从城市房地产管理上来说，应首先进行地籍调查和地籍测量，确定土地的权属、位置、面积等，而其利用状况、用途分类、分等定级和土地估价等又与土地上的房产有密切的关系。因此，在地籍图测绘中也需要测绘宗地内的主要房屋。房产调查和房产测量是对该地产范围内的房屋做更细致的调查和测绘，在已确定土地权属的基础上，对宗地范围内房屋的产权性质、面积数量和利用状况做分幢、分层、分户的细致调查、确权和测绘，以取得城市房地产管理的基础资料。

土地的权属单元为"宗"，房屋用地的权属单元为"丘"。在我国的社会主义制度下，土地只有全民所有和集体所有两种所有制。因此，在绝大多数情况下，宗与丘的范围是一致的，在个别情况下，一宗地可能分为若干丘，根据地籍图编绘房产图时，其界址点一般只需进行复核而不需重新测定。对于图上的房屋则不仅需要复核，还需要根据房产分幅图测绘的要求，增测房屋的细部和附属物，以及根据房产调查的资料增补房产要素——产别、建筑结构、幢号、层数、建成年份、建筑面积等。

（3）城市地形图、地籍图、房屋分幅图的三图测法。城市地形图是一种多用途的基本图，主要用于城市规划、建筑设计、市政工程设计和管理等；地籍图主要用于土地管理；房产图主要用于房产管理。这三种图的用途虽有不同，但它们都是根据城市控制网来进行细部测量的，而且最大比例尺都是 1∶500，图面上都需要表示出城市地面上的主要地物—房屋建筑、道路、河流、桥梁及市政设施等。由于这三种图具有上述共性，因此最合理、最经济的施测方法应该是在城市有关职能部门（城市规划局、房产管理局、土地管理局、测绘院等单位）的共同协作下，采用三图并出的测绘方法。

三图并测法首先应建立统一的城市基本控制网和图根控制网，实测三图的共性部分，绘制成基础图，并进行复制。然后在此基础上按地形图、地籍图、房产分幅图分别测绘各自特殊需要的部分。对于地形图，增测高程注记（或等高线）和地形要素如电力线、通信线、各种管道、井、消防龙头、路灯等。对于地籍图，在地籍调查的基础上，增测界址点和各种地籍要素。对于房产分幅图，在房产调查的基础上，增测丘界点和各种房产要素，而且仍然是在地籍图的基础上来完成房产分幅图的测绘是最合理的。

三、房产分丘图测绘

房产分丘平面图是房产分幅图的局部明细图，也是绘制房屋产权证附图的基本图，是根据核发房屋所有权证和土地使用权证的需要，以门牌、户院、产别及其所占用土地的范围，分丘绘制而成。每丘为单独一张，它是作为权属依据的产权图，即作为产权证上的附图，经登记后，便具有法律效力，并是保护房地产产权人合法权益的凭证。因此，必须具有较高的绘制精度。

分丘图比例尺可根据每丘面积的大小在 1∶1000～1∶100 之间选用，一般尽可能采用与分幅图相同的比例尺。幅面可选用 787mm×1092mm 的 4开、8 开、16 开、32 开 4 种尺寸。分丘图的图纸一般采用聚酯薄膜，也可选用其他材料。分丘图的坐标系统与分幅图的坐标系统应一致。房产分丘图反映本丘内所有房屋权界线、界址点点号、窑洞使用范围，挑廊、阳台、建成年份、用地面积、建筑面积、墙体归属和四至关系等各项房地产要素，以丘为单位绘制。分丘图上，应分别注明所有周邻产权所有单位（或人）的名称，分丘图上各种注记的字头应朝北或朝西。

房产分丘图的测绘方法是利用已有的房产分幅图，结合房地产调查资料，按本丘范围展绘界址点，描绘房屋等地物，实地丈量界址边、房屋边等长度、修测、补测成图。

丈量界址边长和房屋边长时，用卷尺量取至 0.01m。不能直接丈量的界址边，也可由界址点坐标反算边长。对圆弧形的边，可按折线分段丈量。边长应丈量两次取中数，两次丈量较差不超过规定限差即可。

丈量本丘与邻丘毗连墙体时，共有墙以墙体中间为界，量至墙体厚度的 1/2 处；借墙量至墙体的内侧；自有墙量至墙体外侧并用相应符号表示。挑廊、挑阳台、架空通道丈量时，以外围投影为准，并在图上用虚线表示。房屋权界线与丘界线重合时，表示丘界线，房屋轮廓线与房屋权界线重合时，表示房屋权界线。在描绘本丘的用地和房屋时，应适当绘出与邻丘相连处邻丘的地物。分丘图的图廓位置，根据该丘所在位置确定，图上需要注出西南角的坐标值，以公里数为单位注记至小数后三位。

四、房产分层分户图的测绘

房产分层分户图是在分丘图的基础上进一步绘制的明细图，当一丘内有多个产权人时，应以一户产权人为单元，分层分户地表示出房屋权属方位的细部，用以作为房屋产权证的附图。以某房屋的具体权属为单元，如为多层房屋，则为分层分户图，表示房屋权属范围的细部，明确房产毗连房屋的权利界线，是房产证的附图。房产分户图的比例尺一般为 1∶200，当一户房屋的面积过大或过小时，比例尺可适当放大或缩小，幅面可选 787mm×1092mm 的 32 开或 16 开。分户图房屋平面位置应参照分幅图、分丘图中相对应的位置关系，按实地丈量的房屋边长绘制。注记取至 0.01m，注在图上相应位置。不规则图形的房屋除丈量边长以外，还应加量构成三角形的对象，对角线的条数等于不规则多边形的边数减 3。按三角形的三边长度，就可以用距离交会法确定点位。房屋边长的描绘误差不应超过图上 0.2mm。房屋产权界线在图上表示为 0.2mm 粗的实线。房屋的墙体归属分为自有墙、借墙和共有墙。分户图的方位应使房屋的主要边线与图框边线平行，按房屋的方向横放或竖放，并在适当位置加绘指北方向符号。分户图上房屋的丘号、幢号应与分丘图上的编号一致。分户图表示的主要内容包括房屋权界线、四面墙体的归属和楼梯、走道等部位以及门牌号、所在层次、户号、室号、房屋建筑面积和房屋边长等。房屋产权面积包括套内建筑面积和共有共用的分摊面积，房屋建筑面积注在房屋图形内；共有共用部位在本户分摊面积注在图的左下角。本户所在的丘号、户号、幢号、结构、层数、层次标注在房屋图形上方。在一幢楼中，楼梯、走道等共有共用部位，需在图上加简注。

五、房产图的绘制方法

(一) 全野外采集数据成图

利用全站仪或经纬仪测距仪、电子平板、电子记簿等设备在野外采集的数据，通过计算机屏幕编辑，生成图形数据文件，经检查修改，确认无误后，可通过绘图仪绘出所需成图比例尺的房产图。

(二) 航摄像片采集数据成图

将各种航测仪器量测的测图数据，通过计算机处理生成图形数据文件；在屏幕上对照调绘片进行检查修改。对影像模糊的地物，被阴影和树林遮盖的地物及摄影后新增的地物应到实地检查补测。待确认无误后，可通过绘图仪按所需成图比例尺绘出规定规格的房产图。

(三) 野外解析测量数据成图

利用正交法、交会法等采集的测图数据通过计算机处理，编辑成图形文件。在视屏幕上，对照野外记录草图检查修改，准确无误后，可通过绘图仪，绘出所需规格的房产图，或计算出坐标，展绘出所需规格的房产图。

(四) 平板仪测绘房产图

平板仪测绘是指大平板仪 (或小平板仪) 配合皮尺量距测绘。测站点点位精度相对于邻近控制点的点位中误差不超过图上 ±0.3mm。当现有控制不能满足平板测图控制时，可布设图根控制。图根控制点相对于起算点的点位中误差不超过图上 ±0.1mm。采用图解交会法测定测站点时，前、侧方交会不得少于三个方向，交会角不得小于30°或大于150°，前、侧方交会的误差三角形内切圆直径应小于图上0.4mm。平板仪对中偏差不超过图上0.05mm。平板仪测图时，测图板的定向线长度不小于图上6cm，并用另一点进行检校，检校偏差不超过图上0.3mm。地物点测定，其距离一般实量。使用皮尺丈量时，最大长度1：500的测图不超过50m，1：1000的测图不超过75m，采用测距仪时，可放长。采用交会法测定地物点时，前、侧方交会的方向不应少于三个，其长度不超过测板定向距离。原图的清绘整饰根据需要和条件可采用着色法、刻绘法。各项房产要素必须按实测位置或底图位置准确着色（刻绘），其偏移误差不超过图上0.1mm。各种注记应正确无误，位置恰当，不压盖重要地物，着色线条应均匀光滑，色浓饱满；刻绘线划应边缘平滑、光洁透亮、线划粗细、符号大小，应符合图式规格和复制的要求。

（五）编绘法绘制房产图

房产图根据需要可利用已有地形图和地籍图进行编绘。作为编绘的已有资料，必须符合《房产测量规范第1单元：房产测量规定》（GB/T 17986.1-2000）实测图的精度要求，比例尺应等于或大于绘制图的比例尺。编绘工作可在地形原图复制或地籍原图复制的等精度图（以下简称二底图）上进行。补测应在二底图上进行，补测后的地物点精度应符合房产分幅平面图与房产要素测量的精度的规定。

补测工作结束后，将调查成果准确转绘到二底图上，对房产图所需的内容经过清绘整饰，加注房产要素的编码和注记后，编成分幅图底图。

第六节　房地产面积测算

一、房地产面积测算的意义和内容

（一）房地产面积测算的意义

房屋及其用地的面积，是房地产产权产籍管理、核发权属证书的必要信息，也是房地产开发商进行经营决策、房地产权利人维护合法权益必不可少的资料；同时也是房地产税费的征收、城镇规划和建设的重要依据。房地产面积测算是一项技术性强、精确度要求高的工作，关系到国家、开发商、消费者和权利人的切身利益，是整个房地产测绘中非常重要的组成部分。

（二）房地产面积测算的内容

房地产面积的测算，指水平面积测算，包括房屋面积测算和用地面积测算。房屋面积测算包括房屋建筑面积、房屋使用面积和共有建筑面积的测算。用地面积测算包括房屋占地面积的测算、丘面积的测算、各项地类面积测算和共用土地面积的测算、分摊。

二、房地产面积测算的一般规定和方法

（一）房地产面积测算的一般规定

（1）房地产面积的测算，均指水平投影面积的测算。

（2）各类面积的测算，必须独立测算两次，其较差应在规定的限差以内，取中数作为最后结果。

（3）边长以 m 为单位，取至 0.01m；面积以 m^2 为单位，取至 $0.01m^2$。

（4）量距应使用经鉴定合格的卷尺或其他能达到相应精度的仪器或工具。

（5）楼层高度是指上下两层楼面或楼面与地面之间的垂直距离。

（二）房地产面积测算的方法

面积测算的方法有很多，根据面积测算数据资料的来源，可分为解析法和图解法两大类。房产面积的测算，主要采用解析法。房屋面积一般采用几何图解析形法量算；用地面积测算可采用坐标解析计算、实地量距计算和图解计算等方法。

1. 几何图形法

根据数据源的不同，几何图形法分为解析几何图形法和图解几何图形法。此种方法适用于外形规整的房地面积量算。几何图形解析法是在实地使用仪器如全站仪、测距仪或卷尺丈量图形的边长，计算出图形的面积，故也

称为实地量距法。它是目前房地产测量中最普遍的面积测算的方法。

房屋及其用地大多是由规则几何图形构成的，例如矩形、方形的房屋或房间，大多数可以直接量取其有关边长，利用几何基本公式计算出它们的面积。但也有一些房屋和用地的形状比较复杂和不规则，对这些复杂的面积，将整个图形分解成若干简单的几何图形，分别量取这些图形的有关边长和角度，再计算出它们的面积。实地量距法测量边长、墙体厚度和层高等的方法介绍如下。

(1) 边长长度测量方法。长度测量工具一般使用钢尺、玻璃纤维尺和手持式激光测距仪。长度测量时，必须进行往返测量，往返测量的差值应小于其被测长度值0.05%，如所量测距离在100m左右，往返测量的差值应控制在小于5cm，被测长度取往返测量值的平均值。长度测量的读数精确到0.01m，如已进行墙面装饰的，必须减除装饰面厚度。

(2) 墙体厚度测量方法。用钢卷尺或手持测距仪直接测量墙体厚度。对无法直接测量到后到的墙体，可用测量内、外尺寸计算差值的方法进行直接测量。其他墙体厚度按实测值核实设计值，墙体厚度按设计值计算，实在不能明确设计值的按实测值计算。

(3) 层高测量。选择楼层之间上层地板到下层地板，上阳台底板到下底板的垂距离，用钢卷尺或手持测距仪至少取三个位置进行测量，取三次测量结果的平均值为层高实测结果。

(4) 套内房屋边长测量。测点一般取距地面1.2m±0.2m的高度，在房屋的两个长边、两个短边的1/6和5/6位置，两侧点应保持水平。房屋边长较长时，应适当增加测点数。

(5) 阳台边长测量。阳台边长测量要测量栏板外沿长和宽，每边各选取两个测量点。

2. 坐标解析法

根据界址点坐标成果表上数据计算面积。

3. 实地量距法

规则图形，可根据实地丈量的边长直接计算面积；不规则图形，将其分割成简单的几何图形，然后分别计算面积。

面积误差按规程规定计算，其精度等级的使用范围由各城市的房地产行政主管部门根据当地的实际情况决定。

4. 图解法

图上量算面积，可选用求积仪法、几何图形法等方法。图上面积测算均应独立进行两次。

三、用地面积测算

（一）用地面积测算的意义

用地面积以丘为单位进行测算，包括房屋占地面积、其他用途的土地面积测算，各项地类面积的测算。用地面积测算是土地利用现状调查的重要组成部分，是取得土地数据资料的关键步骤。通过面积量算，为各级行政单位、各土地权属单位量算出土地总面积和各类土地面积。因此，量算工作是准确掌握土地资源数据的重要技术手段。

（二）丘的测量要求

丘是指地表上一块有界空间的地块。丘有独立丘和组合丘之分，一个地块只属于一个产权单元时称为独立丘；一个地块同时属于几个产权单位则称为组合丘。一般以一个单位、一个门牌号或一处院落的房屋用地单元划分为独立丘，当用地单元的权属混杂和面积过小时，则划为组合丘。丘的权属界线是界址点的连线，按照《房产测量规范》的规定，界址点分为三级；精度要求按《房产测量规范》执行。

（三）不计入用地面积的范围

（1）无明确使用权属的冷巷、巷道或间隙地。

（2）市政管辖的道路、街道、巷道等公共用地。

（3）公共使用的河涌、水沟、排污沟。

（4）已征用、划拨或属于原房地产证记载范围，经规划部门核定需要作市政建设的用地。

（5）其他按规定不计入用地的面积。

(四) 用地面积的测算方法

用地面积量算是地籍测量的重要内容,地籍测量中的用地面积量算,一般是一种多层次的水平面积测算。例如,一个行政管辖区的总面积,各宗地面积、各种利用分类面积等。通过用地面积量算可以取得各级行政单位、权属单位的土地总面积和分类土地面积的数据资料。

用地面积量算在权属调查和野外测量的基础上进行。依据界址点坐标、边长等解析数据和地籍原图,选择适宜的方法求算面积。面积量算按照从整体到局部逐级控制和检核的原则进行,从而防止错误,提高精度。

用地面积的量算可采用坐标解析法、实地量距法和图解计算法等方法。

(1) 坐标解析法。根据界址点坐标成果表上的数据计算面积。

(2) 实地量距法。指在实地用仪器、测距仪或卷尺量取有关图形的边长而计算出这个图形的面积。实地量距是目前房地产测量中最普遍的面积测算方法,在测算房屋面积时,现在都是采用实地量距法;在测量房屋用地时,也可以使用实地量距法。

对于规则图形,如矩形、正方形的房屋或房间,可根据实地丈量的边长直接计算面积(用卷尺或测距仪直接量取其边长,很简单地算出其面积);而对不规则图形的面积测算时,可将其分割成简单的几何图形,然后分别计算出这些图形的面积,用简单的加减法算出其面积。

面积误差按《房产测量规范》(GB/T 17986.2-2000)中的房产面积的精度要求规定计算,其精度等级的使用范围由各城市房地产行政主管部门根据当地实际情况决定。

(3) 图解法。图解法量算土地面积,可选用求积仪法、几何图形法等方法。

四、房屋面积测算的一般规定与精度要求

房屋面积测算包括房屋建筑面积、共有建筑面积、产权面积、使用面积等测算。

（一）房屋建筑面积、房屋共有建筑面积、房屋产权登记面积、房屋使用面积

房屋建筑面积是指房屋外墙（柱）勒脚以上各层的外围水平投影面积，包括阳台、挑廊、地下室、室外楼梯等，且具备上盖、结构牢固、层高2.20m以上（含2.20m）的永久性建筑。

房屋共有建筑面积是指产权主共同占有或共同使用的建筑面积。

房屋产权登记面积是指房产测绘单位测算，标注在房屋权属证书上，记入房屋权属档案的房屋的建筑面积。

房屋使用面积是指房屋户内全部可供使用的空间面积，按房屋内墙面水平投影计算。

（二）面积测算的要求

各类面积测算必须独立测算两次，其较差应在规定的限差以内，取中数作为最后结果。

量距应使用经检定合格的卷尺或其他能达到相应精度的仪器和工具。面积以 m² 为单位，取至 0.01m²。

（三）房屋建筑面积测算的有关规定

1.计算全部建筑面积的范围

（1）永久性结构的单层房屋，按一层计算建筑面积；多层房屋按各层建筑面积的总和计算。

（2）房屋内的夹层、插层、技术层及其梯间、电梯间等其高度在2.20m以上部位计算建筑面积。楼梯间、电梯（观光梯）井、提物井、垃圾道、管道井等均按房屋自然层计算面积。依坡地建筑的房屋，利用吊脚做架空层，有围护结构的，按其高度在2.20m以上部位的外围水平面积计算。

（3）穿过房屋的通道，房屋内的门厅、大厅，均按一层计算面积。门厅、大厅内的回廊部分，层高在2.20m以上的，按其水平投影面积计算。

（4）属永久性建筑，层高在2.20m以上的楼梯间、水箱间、电梯机房及斜面结构屋顶高度在2.20m以上的部位，按其外围水平面积计算。

（5）挑楼、全封闭的阳台，按其外围水平投影面积计算。属永久性结构有上盖的室外楼梯，按各层水平投影面积计算。与房屋相连的有柱走廊，两房屋间有上盖和柱的走廊，均按其柱的外围水平投影面积计算。房屋间永久性封闭的架空通廊，按外围水平投影面积计算。

（6）地下室、半地下室及其相应出入口，层高在 2.20m 以上，按其外墙（不包括采光井、防潮层及保护墙）外围水平投影面积计算。

（7）有柱（不含独立柱、单排柱）或有围护结构的门廊、门斗，按其柱或围护结构的外围水平投影面积计算。

（8）玻璃幕墙等作为房屋外墙的，按其外围水平投影面积计算。

（9）属永久性建筑有柱的车棚、货棚等按其柱外围水平投影面积计算。

（10）有伸缩缝的房屋，若其与室内相通的，伸缩缝面积计算建筑面积。

2. 计算一半建筑面积的范围

（1）与房屋相连有上盖无柱的走廊、檐廊，按其围护结构外围水平投影面积的一半计算。

（2）独立柱、单排柱的门廊、车棚、货棚等属永久性建筑的，按其上盖水平投影面积的一半计算。

（3）未封闭的阳台、挑廊，按其围护结构外围水平投影面积的一半计算。

（4）无顶盖的室外楼梯按各层水平投影面积的一半计算。

（5）有顶盖不封闭的永久性的架空通廊，按外围水平投影面积的一半计算。

3. 不计算建筑面积的范围

（1）层高小于 2.20m 的夹层、插层、技术层和层高小于 2.20m 的地下室和半地下室等。

（2）突出房屋墙面的构件、配件、装饰柱、装饰性的玻璃幕墙、垛、勒脚、台阶、无柱雨篷等。

（3）房屋之间无上盖的架空通廊。

（4）房屋的天面、挑台、天面上的花园、泳池。

（5）建筑物内的操作平台、上料平台及利用建筑物的空间安置箱、罐的平台。

（6）骑楼、过街楼的底层用作道路街巷通行的部分。

（7）利用引桥、高架路、高架桥、路面作为顶盖建造的房屋。

（8）活动房屋、临时房屋、简易房屋。

（9）独立烟囱、亭、塔、罐、池，地下人防干线、支线。

（10）与房屋室内不相通的房屋间的伸缩缝。

4.计算建筑面积的规定

几种特殊情况下，计算建筑面积的规定：

（1）同一楼层外墙，既有主墙，又有玻璃幕墙的，以主墙为准计算建筑面积，墙厚按主墙体厚度计算。各楼层墙体厚度不同时，分层分别计算。

金属幕墙及其他材料幕墙，参照玻璃幕墙的有关规定处理。

（2）房屋屋顶为斜面结构（坡屋顶）的，层高（高度）2.20m 以上的部位计算建筑面积。

（3）全封闭阳台、有柱挑廊、有顶盖封闭的架空通廊的外围水平投影超过其底板外沿的，以底板水平投影全部计算建筑面积。

未封闭的阳台、无柱挑廊、有顶盖未封闭的架空通廊的外围水平投影超过其底板外沿的，以底板水平投影的一半计算建筑面积。

（4）与室内任意一边相通，具备房屋的一般条件，并能正常利用的伸缩缝、沉降缝应计算建筑面积。

（5）对倾斜、弧状等非垂直墙体的房屋，层高（高度）2.20m 以上的部位计算建筑面积。房屋墙体向外倾斜，超出底板外沿的，以底板投影计算建筑面积。

（6）楼梯已计算建筑面积的，其下方空间不论是否利用均不再计算建筑面积。

（7）临街楼房、挑廊下的底层作为公共道路街巷通行的，不论其是否有柱，是否有维护结构，均不计算建筑面积。

（8）与室内不相通的类似于阳台、挑廊、檐廊的建筑，不计算建筑面积。

（9）室外楼梯的建筑面积，按其在各楼层水平投影面积之和计算。

（四）房产面积测量的精度要求

房产测量中以中误差作为评定精度的标准，以两倍中误差作为限差。

房产界址点（以下简称界址点）的精度分三级，各级界址点相对于邻近控制点的点位误差和间距超过 50m 的相邻界址点的间距误差不超过规定；间距未超过 50m 的界址点间的间距误差限差不应超过下式的计算结果。

五、成套面积计算与共有建筑面积的分摊

(一) 成套面积计算 (成套房屋建筑面积的测算)

成套房屋的建筑面积由套内建筑面积及共有建筑面积的分摊组成。套内建筑面积由套内房屋的使用面积、套内墙体面积、套内阳台建筑面积三部分组成。套内房屋的使用面积为套内使用空间的水平投影面积，按以下规定计算。

(1) 套内房屋使用面积为套内卧室、起居室、过厅、过道、厨房、卫生间、厕所、贮藏室、壁柜等空间面积的总和。

(2) 套内楼梯按自然层数的面积总和计入套内房屋使用面积。

(3) 不包括在结构面积内的套内烟囱、通风道、管道井均计入套内房屋使用面积。

(4) 内墙面装饰厚度计入套内房屋使用面积。

套内墙体面积是套内使用空间周围的维护或承重墙体或其他承重支撑体所占的面积，其中各套之间的分隔墙和套与公共建筑空间的分隔墙以及外墙 (包括山墙) 等共有墙，均按水平投影面积的一半计入套内墙体面积。套内自有墙体按水平投影面积全部计入套内墙体面积。

套内阳台建筑面积按阳台外围与房屋外墙之间的水平投影面积计算。其中封闭的阳台按其外围水平投影面积全部计算建筑面积，未封闭的阳台按水平投影的一半计算建筑面积。

(二) 共有建筑面积的分摊

1.共有建筑面积的分类

共有建筑面积按是否应当分摊，分为不应分摊的共有建筑面积和应分摊的共有建筑面积。

(1) 不应分摊的共有建筑面积包括：独立使用的地下室、车棚、车库；作为人防工程的地下室、避难室 (层)；用作公共休憩、绿化等场所的架空

层；为建筑造型而建，但无实用功能的建筑面积。

建在幢内或幢外与本幢相连，为多幢服务的设备、管理用房，以及建在幢外不相连，为本幢或多幢服务的设备、管理用房均作为不应分摊的共有建筑面积。

（2）应分摊的共有建筑面积包括：作为公共使用的电梯井、管道井、垃圾道、变电室、设备间、公共门厅、过道、地下室、值班警卫用房等以及为整栋服务的公共用房和管理用房的建筑面积；单元与共有建筑之间的墙体水平投影面积的一半，以及外墙（包括山墙）水平投影面积的一半。

根据房屋共有建筑面积的不同使用功能，应分摊的共有建筑面积可分为以下三大类。

第一，共有建筑面积：指为整幢（包括住宅功能、写字楼功能、商场功能等）服务的共有建筑面积。如为整幢服务的配电房、水泵房等。

第二，功能共有建筑面积：指为某一建筑功能（如住宅、写字楼、商场等）服务的共有建筑面积。如为某一建筑功能服务的专用电梯、楼梯间、大堂等。

第三，本层共有建筑面积：指为本层服务的共有建筑面积。如本层共有走廊等。

2. 共有建筑面积分摊的原则

（1）产权双方有合法的权属分割文件或协议的，按其文件或协议规定计算分摊。

（2）无权属分割文件或协议的，根据房屋共有建筑面积的不同使用功能，按相关建筑面积比例进行计算分摊。

3. 共有建筑面积分摊的方法

（1）住宅楼：住宅楼以幢（梯）为单元，按各套内建筑面积比例分摊共有建筑面积。

（2）商住楼：将幢应分摊的共有建筑面积，根据住宅、商业不同使用功能，按建筑面积比例分摊成住宅和商业两部分。

①住宅部分：将幢摊分给住宅的共有建筑面积，作为住宅共有建筑面积的一部分，再加上住宅本身的共有建筑面积，按住宅各套的建筑面积比例分摊。

②商业部分：先将幢摊分给商业的共有建筑面积，加上商业本身的共有建筑面积，按商业各层套内建筑面积比例分摊至各层，作为各层共有建筑的一部分，加至相应各层共有建筑面积内，得到各层总的共有建筑面积；再根据各层各套内建筑面积分摊其相应各层总的共有建筑面积。

③综合楼：多功能综合楼共有建筑面积按各自的功能，参照商住楼的分摊方法进行分摊。

第七节　房产变更测量

一、房产变更测量概述

由于城市现状的不断变更，以及房屋和房屋用地产权的经常转移，从房地产测量开始之日起，就产生了变更测量。

房产变更测量指房屋发生买卖、交换、继承、新建、拆除等涉及权界调整和面积增减变化而进行的更新测量。房产变更包括现状变更和权属变更。

房产变更测量应根据房产现状变更或权属变更资料，先进行房产变更调查，而后进行变更后的权界测定和面积量算，并及时调整丘号、界址点号、幢号和户号等，进而办理房产产权转移变更登记，换发产权证件，对原有的产籍资料进行更新，以保持其现势性。

变更测量前应搜集城建、城市规划等部门的变更资料和房产权属变更资料，确定修测范围。然后根据原图上平面控制点的分布情况，选择变更测量方法。

变更测量应在房产分幅原图或二底图上进行，根据原有的邻近平面控制点、埋石界址点上设站用解析法实测坐标进行。现状变更范围较小的，可根据图根点、界址点固定地物点等用卷尺丈量关系距离进行修测；现状变更范围较大的，应先补测图根控制点，然后进行房产图的修测。

新扩大的建成区，应先进行与面积相适应的等级平面控制测量、图根控制测量，然后进行房产图的测绘。

房产的合并或分割，应根据变更登记文件，由当事人或关系人到场指界，经复核丈量后修改房产图及有关文件。复核丈量应以图根控制点、界址点或固定地物点为依据，采用解析法或图解法修测。

经房产变更测量后，必要时丘号、界址点号、幢号应进行调整。例如，用地单元中某幢房屋被拆除，则未拆除者仍用原幢号；新建房屋的幢号，按丘内最大幢号续编。

为了保持房产图与实际情况一致，应搜集当地城建、规划和房产开发等部门当年的房地产现状变更资料，定期或不定期地进行变更测量。

二、变更测量的分类与意义

(一) 变更测量的分类

变更测量分为房屋现状变更和房产权属变更测量两类，两者是相互联系的。现状变更和权属变更测量都是动态变更测量。通过房地产登记前的基础测量，绘制分幅平面图；经过房地产登记后建立房产档案。为了保持图的现势性和房产档案的真实性，变更测量必须做到及时、准确，为房产日常的转移和变更登记提供可靠的图籍和面积等数据。

(二) 变更测量的意义

现状变更具体反映在分幅图和分丘图上，权属变更具体反映在产权证附图与登记档案上，为产权产籍提供测绘保障。一般认为：现状变更一般属于修补测分幅图；权属变更配合产权登记，属于产权登记证明测量，其所提供的产权证附图具有法律效力，它属于官方测量，是一种政府行为的测量。

三、变更测量的内容

(一) 现状变更测量内容

(1) 房屋的新建、拆迁、改建、扩建，房屋建筑结构、层数的变化。

(2) 房屋的损坏与灭失，包括全部拆除或部分拆除、倒塌和烧毁。

(3) 围墙、栅栏、篱笆、铁丝网等围护物以及房屋附属设施的变化。

(4) 道路、广场、河流的拓宽、改造，河、湖、沟渠、水塘等边界的变化。

(5) 地名、门牌号的更改。

(6) 房屋及其用地分类面积增减变化。

(二) 权属变更测量内容

(1) 房屋买卖、交换、继承、分割、赠予、兼并等引起的权属的转移。

(2) 土地使用权界的调整，包括合并、分割、塌没和截弯取直。

(3) 征拨、出让、转让土地而引起的土地权属界线的变化。

(4) 他项权利范围的变化和注销。

四、变更测量的实施步骤

(一) 变更测量的程序

变更测量应根据房地产变更资料，先进行房地产要素调查，包括现状、权属和界址调查，再进行分户权界和面积的测定，调整有关的房地产编码，最后进行房地产资料的修正。一般按以下程序实施。

变更信息采集→信息分类→变更要素调查→变更要素测定→房地产编号调整→房产资料处理。

变更信息采集、信息分类是变更测量前的准备工作，变更要素调查、变更要素测定是变更测量的外业工作，房地产编号调整、房产资料处理是变更测量的内业工作。

(二) 变更测量前的准备工作

可通过各个渠道 (如城建规划部门、市政公用部门、房地产开发企业、交易市场、政府房地产管理部门、拆迁管理单位等)，将收集到的各种房产变更信息进行归类、列表，调阅已有房产图籍等资料，备现场调查之用。

五、变更要素调查

根据变更类别，分项进行现状变更和权属变更调查。

(一) 现状调查

房屋及其用地的自然状况，包括地名、门牌号、建筑结构、层数、建成年份、用途、用地分类状况。利用调查表，对照房产图，进行调查与核实。

(二) 权属调查

房屋及其用地的权利状况的调查，包括权利种类、权利人、他项权利人、权利范围、四至状况。利用申请表或调查表，进行调查与核实。权属变更调查应为产权审核提供调查材料，包括变更后新的权利界址范围、面积。因此，对于新的权利界址的认定、确定与标定有一定的要求。

认定界址，不论任何方式指界，必须得到相邻产权人的认可并签章或具结，有时还要设立界标，或对"四面墙界表"进行签认。

确定界址，应坚持房屋所有权与房屋占地范围内的土地使用权权利主体一致的原则。标定界址，严格执行国家标准《房产测量规范第 1 单元：房产测量规定》(GB/T 17986.2-2000) 第 2 单元房产图图式，标示在房产图上，区别毗连界址位置。

六、变更要素测定

变更测量应根据现有变更资料，确定变更范围，根据变更范围的大小和房产图上平面控制点的分布情况，选择不同的变更要素测定方法。房地产的合并和分割，应根据变更登记文件，在当事人或关系人到现场指界下，实地测定变更后的房地产界址和面积。修测之后，应对现有房产、地籍资料进行修正与处理。

(一) 现状变更测量方法

(1) 变更范围小，可根据图上原有房屋或设置的测线，采用卷尺定点测量 (限于模拟图)。

(2) 变更范围大，可采用测线图定点测量或平板仪测量 (限于模拟图)。

(3) 采用解析法测量或全野外数字采集系统时，应在实地布设好足够的平面控制点，设站逐点进行现场的数据采集。

(二) 权属变更测量方法

根据不同情况和实际条件，采用图解法或解析法。不论采用图解法或解析法，进行权属变更测量，都必须依据变更登记申请书，标示的房产及其用地位置草图，权利证明文件，约定日期，通知申请人到现场指界，实施分户测绘。

现有的平面控制点、界址点、房角点都可以作为变更测量的基准点。利用前，应检查其点位的可靠性。因站检测之差 (较差) 不超过图上 ±0.2mm，即对于 1：500 的比例图，相当于 10cm；异站或自由设站检测之差 (较差) 不超过图上 ±0.4mm，即相当于 20cm。当用测定的点之间的距离与由坐标反算的距离进行检核时，其距离较差不超过 2 倍相应等级平面控制点点位中误差。

采用图解法进行权属变更测量，常用于房屋分析，应将分界的实量数据注记于草图上，并按实量数据计算面积后，再定出分界点在图上的位置。也适用于多产权商品房屋分户分割。

采用解析法进行权属变更测量，常用于房屋用地分割或合并。用地分割，应将新增界址点的坐标数据、点号注记于草图上，按坐标展出分割点的图上位置；用地合并，取消毗连界址点，用界址坐标计算分丘用地面积。

七、变更测量的基准

变更测量以变更范围内平面控制点和房产界址点作为测量的基准点。所有已修测过的地物点不得作为变更测量的依据。变更范围内和邻近的符合精度要求的房角点，也可作为修测的依据。

八、变更测量的精度要求

变更测量精度包括房产图图上精度和解析精度。图上精度指的是分幅图图上精度；解析精度指的是新增界址点的点位精度以及面积计算精度。

(一) 图上精度

国家标准《房产测量规范第 1 单元：房产测量规定》(GB/T 17986.2-2000) 对房产分幅平面图的精度已作规定：模拟方法测绘的房产分幅平面图

上的地物点，相对于邻近控制点的点位中误差不超过图上 ±0.5mm。

现状变更测量后，经修补测的分幅图与变更前的分幅图图上精度要求达到一致。

(二)解析精度

《房产测量规范第 1 单元：房产测量规定》(GB/T 17986.1-2000)对全野外采集数据或野外解析测量等方法所测的房产要素点和地物点，相对于邻近控制点的点位中误差不超过 ±0.05m。

权属变更测量后，新测定的变更要素点的点位中误差不得大于±0.05m。新测定的界址点精度应保证相应等级界址点的同等精度。房产变更测量后，房产面积的计算精度，应完全符合相应等级房产面积的精度要求。

九、变更测量的业务要求

房产变更测量服务于房产产权管理，因此，《房产测量规范第 1 单元：房产测量规定》(GB/T 17986.1-2000)提出了在进行变更测量工作的同时，应执行有关的房地产政策和行政法规。

(一)基本要求

房产权属变更测量应做到变更有合法依据，如变更登记申请书、产权证明文件、变更处理案件等。对原已登记发证而确认的房屋及其用地权利界线和产权面积等合法数据和权证附图不得随意更改。

(二)房屋合并或分割

房地产合并或分割，分割应先进行房地产登记，且无禁止分割文件，分割处必须有固定界标；位置毗连且权属相同的房屋及其用地可以合并，应先进行房地产登记。

(三)房屋所有权转移

房屋所有权发生变更或转移，其房屋用地也应随之变更或转移。

(四) 他项权利

在所有权上设立的他项权利，必须是首先进行过房产登记的房屋。他项权利范围变更，应根据抵押、典当合同，注销原权利范围，划定新权利范围。

十、房地产编号调整

丘号、丘支号、幢号、界址点号、房角点号、房屋产权号、房屋共有权号都是房地产产权产籍管理中常用的管理号，不能重号。变更测量后，相关的房地产编号须及时调整。其中房产权号、房屋共有权号除了整幢房屋拆除须注销其权号，一般不予调整。

(一) 丘号、丘支号

不分独立丘或组合丘，用地合并或重划，须重新编丘号。新编的丘号要按编号区内最大丘号续编；新增的丘支号要按丘内最大丘支号续编。

(二) 界址点点号、房角点点号

相邻丘的合并，四周外围界址点点号维持原编的点号；同丘分割，新增的界址点点号按编号区内最大界址点点号续编。

按需要测定的房角点，其新增的房角点点号按编号区内最大房角点点号续编。

(三) 幢号

毗连房屋合并或同幢房屋的分析 (设立房屋共有权的商品房除外)，重新编幢号，新增的幢号按丘内最大的幢号续编；房屋部分拆除，原幢号保留，整幢房屋灭失，幢号注销；丘内新建房屋，按丘内最大幢号续编。

十一、变更后房产资料的处理

房产资料主要由房产平面图、房产产权登记档案和房产卡片三部分组成。此外，为了房产经营管理和分类统计的需要，编造了各种账册、报表，简称为图、档、卡、册，为了相互检索或调用方便，一般使用丘（地）号。为保持房产现状与房产资料的一致，必须对房产动态变更及时进行收集、整理，修正图、卡、册，补充或异动档案资料，这样的房产资料才会有使用价值。

变更后房产资料的处理，是房产产权产籍管理的一项连续性工作。它包括房产权属主已有资料的处理和未登记、未结案房产资料的处理，在处理之前，预先对有关的变动的房产编号进行调整。

（一）房产编号的调整

房产编号中，丘号、丘支号、幢号、界址点号、房角点号、房产权号、房产共有权号等是主要的房产号。房产变更，房产基本图形和分户房产权利范围也起变化，如丘形的变化，分幢、分户房屋图形的变化，界址点、房角点也随之增减，相应的房产号也必须调整。

（1）用地合并或分割，须重新编丘号，新增丘号按编号区内的最大丘号续编。组合丘内，新增的丘支号按丘内的最大丘支号续编。

（2）房产合并或分割，应重新编幢号，新增幢号按丘内最大幢号续编。

（3）用地合并，四周外围界址点维持原点号；用地分割，新增界址点按编号区内最大的界址点点号续编。

（4）用地单元中的房屋部分拆除，剩余部分的房屋仍保留原幢号。

（5）整幢房屋发生产权转移，可保留原幢号，已有的房角点号不变。整幢房屋灭失，其幢号、房角点号以及依附于该房屋的权利符号也应注销。

（6）行政境界调整，涉及的房产编号区也应做相应调整。

（二）房产已有登记资料的处理

1. 图的处理

房产现状变更，通过修补测，实地修正房产分幅图，同时做出现状变更记录，以便修正房产分丘图。房产权属变更，通过变更测量后绘制的测量草图，经过审核确权后，标注在分丘图上，做出权属变更测量记录和房产编号调整记录，修正分幅图，重新绘制分户图。

2. 卡的处理

房产卡片的制作一般是：房卡按丘分幢建卡；多产权户的同幢房屋，幢内再分户建卡；地卡按丘分户建卡。房产变更，对现有房产卡片也要根据变更测量记录，修正卡片，或重新制卡、销卡。

修正卡片，因涉及房产资料统计分类面积的变动，需有改卡记录，作为面积增减变化的原始凭证。房产权人和使用户名的更改，除更改卡片外，还需更改已建的户名索引卡；地名门牌号的变动，除更改卡片外，还需更改已建的地名索引卡。

在已经建立微机管理系统的单位，已建的房产卡片经一次性输入电脑后可以取消卡片，但对房产变更记录和房产编号调整记录，通过内部资料的联系工作规则，由房产信息管理中心修正或删改电脑资料。

3. 档案的处理

根据权属变更案和变更测量记录，对已建立的房产产权登记档案进行异动变更和补充，由于房产产权登记档案分类方法的不同，有的按丘分类、有的按地名门牌号分类、有的按产权户名分类、有的按权证号分类等，变更后的图件(测量草图、分户图)和产权证明文件应分户归档，对按丘(地)号建档的单位，丘内再分户立卷。房屋及用地权界线的调整说明，房产编号的调整记录以及房产面积增减变化等资料也需合并相应的档卷内备查。在已建立微机管理系统的单位，同样要对存储于磁盘或光盘内的档案资料进行处理。

4. 册的处理

根据房产登记、发证成果和分类管理(如经营管理、租赁管理、产权产籍管理等)的需要编制簿册，如发证记录簿、房屋总册、房产登记簿册、档案清册、房产交易清册。此外，产业管理上需要的经管公房手册、异动台账、异动单和统计报表等，上述各种簿册也要随着房产变更做相应的动态变更，变更的依据是：权属变更一定要根据权属变更案和有关凭证；现状变更则根据现状变更单。

(三) 未登记、未结案房产资料的处理

未登记的房产是指房产权利人未能在规定的期限内申请产权登记、房屋权属有争议或土地权属争议尚未解决不予产权登记、不能提供合法有效的房屋及用地权属来源证明不予产权登记、无主房屋无人登记以及没有房产权属证书不能设定他项权利登记等房产。

未结案的房产是指发证前有他人对要登记的房产提出异议暂缓确认的、过去未办理登记需补办登记后再确认的以及房屋私改遗留下来的疑难问题不能确立的房产。

未登记、未结案房产的原始记录，未登记房产调查表和测量草图，一般容易忽视，为了房产统计资料的完整统计和今后确权的需要，也应进行收集、整理、列表造册。随着时间的推移，后来补办了登记需结案时，不能单凭过去的初步调查记录，必须进行复查和测绘。发证后原来未登记、未结案的清册和有关图籍，应及时进行销号或注记。

未登记、未结案的房产卡片建议与已登记、已结案的卡片分别建立并分别进行统计，也要按丘（地）号分户归档或另建未登记档案作为产权登记或监理部门日常处理产权参考之用。

第六章　土地勘测定界

第一节　界址点放样及界标埋设

一、土地勘测定界基础

(一) 土地勘测定界概念、目的和意义

资源管理部门用地审批和地籍管理提供科学、准确的基础资料。土地勘测定界土地勘测定界 (以下简称勘测定界) 是指根据土地征用、划拨、出让、农用地转用、土地利用规划及土地开始整理复垦等工作的需要，实地界定项目用地范围、测定界址位置、调绘土地利用现状、计算用地面积的技术服务性工作。土地勘测定界为国土工作的意义在于：保障用地审查，使用地审批工作更加科学化、制度化、规范化，健全了用地的准入制度；使项目用地依法、科学、集约和规范，严格控制非农业建设占用耕地，保障耕地保护制度的实施。

土地勘测定界工作是项目用地从立项到审批程中的理要环节，是用地审批的重要依据。

(二) 土地勘测定界的特点

勘测定界工作除具有一般地籍管理工作特点外，根据其工作内容、工作性质还有以下特点。

(1) 综合性，土地勘测定界工作内容兼有地籍调查、土地利用现状调查以及放样测量三者内容。

(2) 特殊性，是一项为用地审批服务而衍生出来的特殊性技术工作。

(3) 精确性，土地勘测定界成果直接服务于用地审批工作，同时也服务于土地管理的其他工作，其精度性应与土地管理特别是地籍管理的工作要求

相衔接。

（4）及时性，项目用地勘测定界在一定程度上制约着工程进度速度，这就要求勘测定界人员准确、及时地提交勘测定界成果，提高审批效率。

（5）法律性，土地勘测定界的成果对用地审批、土地登记等具有一定的法律性。

（三）土地勘测定界的一般工作程序

土地勘测定界工作是项目实施工作中的重要环节。为确保工作符合技术规程要求的精度及进度，必须有条不紊地按内容的先后顺序开展工作，才能达到预期目的。按照土地勘测定界工作的特点和规律，将其工作分为以下四个阶段进行：准备工作阶段、外业工作阶段、内业工作阶段、成果检查验收及归档阶段。各个工作阶段之间的关系，见土地勘测定界工作程序框图。

1. 接受委托

具备勘测定界资格的单位，须持有用地单位或有权批准该项目用地的政府国土资源行政主管部门的勘测定界委托书方可开展勘测定界工作。

2. 查阅有关文件

查阅由用地单位提供的城市规划区内建设用地规划许可证或选址意见书及规划用地范围图；批准的施工设计和有关资料；国土资源行政主管部门在前期对项目用地的审查意见。

3. 搜集图件及勘测资料

由用地单位搜集辖区内用地管理图、用地范围内的地籍图、土地利用现状图、土地利用权属界线图、地形图、基本农田界线图、土地利用总体规划图、由专业设计单位承担设计的用地范围图以及比例尺不小于 1：2000 的建设项目工程总平面布置图。

搜集用地范围附近原有平面控制点坐标成果。

搜集用地界址点拟定坐标（设计坐标）或与定界有关的参考资料。

4. 现场踏勘、制定技术方案

在查阅有关资料的基础上，根据搜集的控制点成果资料，了解项目用地范围附近的各级控制点的标石完好情况和现场的通视条件，以便制定合理的勘测技术方案。对于线形和大型项目用地还应调查了解交通和地理条件。

5. 实地调绘

实地调查核实用地范围内的行政界线、权属界线、土地利用类型界线、基本农田界线、已批准的农用地转为建设用地的范围线。将其测绘或转绘于工作底图上，同时对现状土地利用类型进行调查核实。

（1）准备工作底图。工作底图是进行勘测定界及编绘勘测定界图的基础图件，为原有地籍图、地形图或标准分幅土地利用现状图。其比例尺不小于1：2000，大型工程工作底图比例尺不小于1：10000。当工作底图的现状不能满足勘测定界工作要求时，应对界址线附近和界址范围内的地形地物进行修测或补测。

（2）权属界线调绘。查阅用地范围内的土地利用现状调查及土地登记的有关资料，并将用地范围内的权属界线、行政界线转绘到工作底图上。

（3）土地利用类型及土地利用类型界线的调绘。依据全国统一的土地分类，利用地籍图、土地利用现状图或地形图上的有关土地利用类型界线，通过现场调查及实地判读，将用地范围内及其附近的各土地利用类型界线测绘或转绘在工作底图上，并标注土地利用类型编号。同时对土地利用现状调查的土地利用类型进行核实，与实地不一致的，按变更地籍调查的有关规定处理。

（4）基本农田界线调绘。在当地国土资源行政主管部门查阅用地范围区域的土地利用总体规划资料、基本农田保护区规划资料。将用地范围内及其附近的基本农田界线测绘或转绘在工作底图上，图上确定项目用地占用基本农田的范围，并实地核定。

（5）农用地转用范围线调绘。如果项目用地占用土地利用总体规划经批准确定的农用地转用范围的农地，应将用地范围内及其附近已批准的农用地转用界线绘制在工作底图上。

6. 勘测定界

（1）界标的埋设与测定，测绘界址点的解析坐标。

（2）内业计算、编绘勘测定界图、面积量算。

（3）编制土地勘测定界技术报告书。

7. 提交勘测定界成果资料

（1）勘测定界技术报告书。

（2）勘测定界图。

（3）勘测定界用地范围图。

（4）观测记录、计算手簿。

8. 成果资料的检查验收

由承担勘测定界的单位自检、互检。由有权批准该项目用地的政府国土资源行政主管部门验收。

（四）土地勘测定界权属调查

勘测定界中的权属调查是对用地范围内土地权属单位的土地权属来源及土地权利所及的位置、界址等情况的调查。调查成果经土地使用者认定，可以为地籍测量、权属审核和土地登记发证提供具有法律效力的文书凭证。

勘测定界权属调查的主要内容包括用地范围内的占用各权属单位的用地界线和权属状况调查。权属状况调查主要指权属性质和权属来源调查。通过调查核实占用宗地土地使用证、征（收）用土地文件、土地承包合同（协议）、土地出让合同、清理违法占地的处理文件等权属证明材料，确定宗地的土地权属性质和权属来源。

土地勘测定界权属性质调查主要包括国有土地使用权和集体土地所有权调查。权属来源调查主要是针对国有土地使用权的权属来源调查，即国有土地上单位用地的来源。主要内容：一是调查该土地的取得方式[征收（用）、划拨、出让、代征、租赁等]；二是通过调查该土地的来源，确定该国有土地的实际使用者。调查权属来源时，应注意被调查单位与权属来源证明中单位名称的一致性。发现不一致时需要对权属单位的历史沿革、使用土地的变化及法律依据进行细致调查。对于相关权属单位也无法准确指界的山地、山林、荒草地等，应向当地相关行政主管部门查询，并由相关权属单位确认。

勘测定界使用不同用地单位提供的相邻地块用地红线时，一定要进行严格的审核，保证起始坐标系的统一，以避免相邻地块有重叠、裂缝的出现。勘测定界建设项目中，图上表示的内容比较多，像权属界线、地类界线、权属单位、地类代码等都必须准确地注记，所以测图的比例尺比较大，一般规定比例尺不小于1∶2000，大型工程不小于1∶10000，通常采用的比例尺为1∶500。

二、实地拨放界标位置方法

（1）坐标法放样。根据初步设计图或规划用地范围图，图上拟定界标位置，并图解获得拟用地界址点坐标，或利用工程总平面布置图给定的拟用地界址点坐标。利用控制点（或明显地物点）坐标和拟用地界址点坐标计算放样数据（反算边长、方位角），利用拟用地界址点邻近控制点（或明显地物点）采用极坐标法放样界标位置。

（2）关系距离法放样。根据初步设计图或规划用地范围图或工程总平面布置图，图上拟定界标位置，并在图上量出界址点与邻近现有地物的边长（三条以上），或利用给定的拟用地边界与现有地物的距离夹角等。在实地采用边交会、边角交会等方法放样界标位置。

三、界标设置要求

（1）如果项目用地范围行政隶属不同，应在用地界线与省（自治区、直辖市）、市、县、乡（镇）的行政界线交点上加设界标。基本农田界线与用地界线的交点、国有土地与集体土地的分界线同用地界线的交点应加设界标。

（2）界标之间的距离，直线最长为150m，明显转折点应设置界标。

（3）界标类型主要有：混凝土界标、带帽钢钉界标及喷漆界标。

（4）界址点编号原则上应以用地范围为单位，从左到右，自上而下统一编号。铁路、公路等线型工程的界址点编号可以采用里程＋里程尾数编号。

（5）土地权属界线、行政界线与用地范围线的交叉界址点编号应冠以字母表示：S表示与省界的交点；E表示与地区（市）界的交点；A表示与县界的交点；X表示与乡（镇）界的交点；C表示与村界的交点；Z表示与村民小组界的交点。

（6）界标位置在实地确定后，有条件的地区应在现场测记"界址点点之记"。线型工程的"界址点点之记"可一公里做一至二对点之记，但明显的拐点应做点之记。

（7）若界址点在河沟池塘水域中，界标可埋设在岸边，待有条件时再补设界标。

四、界址点精度标准

(一) 第一精度标准

分析之前的地籍测量工作，显示采取解析法测定各个权属界址点的坐标时能够获取非常高的精度，采取该方法能够更加方便计算机的管理与储存，所以广泛应用于地籍测量工作中，一般来说，通过解析法对界址点坐标测定的误差通常小于 5cm，即便是在建筑物较为紧密的城镇区域，考虑到通视条件不佳的情况，误差也要保证在 7.5cm 的范围中，所以可参考该标准建立第一层次界址点精度标准，城镇一般区域及隐蔽区域的界址点精度分别是相对临近图根点实地误差 5cm 及 7.5cm。

(二) 第二精度标准

通过航测法测量的过程中，利用航内电算加密的形式对界址点的坐标进行测量，精确度相对比较高。按照航内作业的标准，航内电算加密点相对附近野外控制点平面误差应在 0.35mm。若地籍图的绘制使用 1∶500 的比例尺，那么等同于实地中 18cm 的误差。界址点的此层标准叫作第二层标准，也就是业内加密界址点相对附近野外控制点图中误差于丘陵或平坦位置是 0.35mm，高山以及山地等地形是 0.5mm。

(三) 第三精度标准

在经济不佳的区域，可采取编绘法成图于大比例地形图中，该方法是通过测量地区有的大比例尺地形图将工作底图绘制出来，调绘和补测界址点与界址线，通过地籍图标准把它改变为地籍图，之后在完成的地籍图上对界址点坐标进行测量。通过该形式测出的界址点精确度十分差，一般来说最后获得的界址点误差大概为图中的 0.56mm，该精度标准称之为第三层次界址点精度标准。

五、界址点测量精度的影响要素

(一) 棱镜偏心影响界址点精度

观测界址点坐标的过程中，若是仅根据棱镜作为依据，就会造成测量的界址点精度无法满足规范要求。但是测距仪光斑有对应大小，那么在观测站和棱镜间距离适当的情况下，瞄准界址点可以回光。

(二) 界址点离测站距离较远

若是界址点离测站距离非常远，大于30m，由于测距光斑有一定大小，这时瞄准界址点能够出现回光，棱镜左右偏移的偏差几乎不会影响到界址点的精度，只用对棱镜前后偏心误差进行计算，也就是 ms=±1cm，若是界址点精度在5cm内，2km范围中的界址点都能够通过全站仪来测量。

(三) 界址点离测站距离合适

在界址点离测站距离为9m到30m的范围情况下，不可通过直接瞄准界址点的形式来测量，可通过棱镜方向稍微位移，使之可回光，位移量多少和距离是线性关系，一般来说最大值需要保证在3.9cm，若是考虑到前后偏心差，界址点的精度需要在4.1cm，那么在界址点离测站9m到30m时，为了使测量精度要求得以满足，应在能够回光的情况下尽量瞄准。

(四) 界址点离测站较近

界址点和测站距离不超过9m的情况下，通过全站仪不能满足5cm的精度要求，那么就需要采取针对性的手段：在界址点和测站距离不超过9m的情况下，可更换和界址点距离比较远的测站来观测，通过公式改正棱镜偏心坐标。

(五) 分析墙角界址点测量精度

墙角界址点测量过程中，可采取特殊的棱镜设备。其能够在墙角自主转动，且能够准确对中，进而使棱镜中心、测距视线和墙角界址点能够处于一条水平线中。另外，把对中误差当作常数，该常数测量十分容易，在之后的测量距离中添加该常数，能够更加便于计算。

六、界址点精度提升措施

为了使测量的界址点坐标精度提升，那么可通过以下手段：其一，采取对中铅锤对中，如天线和避雷针等，通过交会的形式对平面位置进行测量，且将该位置当作测图的后视方向点。其二，定向测站的过程中，应在本测站相互通视的情况下的后视点尽量瞄准底部，不能瞄准时需要尽快练级立靶且立正目标。其三，完成定向以后，要瞄准其他相对明显的目标对方向值进行测定，且进行记录，在完成三十个目标测定以后还要进行之前的工作，从而保证之前的测量结果准确。其四，在开始观测以前，需要复查大于两个已测的界址点或图根点。在差值不大于5cm的条件下才能够进行测定工作。需要注意采用的复查点要满足以下条件：复查点尽量在此线的垂直线中，不可在定向边的方向线周围，复查点尽量为隔站点或图根点，一般来说，测站与监测点间距离要超过20km。其五，测点视线长度要小于定向边长度，对于界址点与重要地物点明显的视线长度需要把控在定向边长度1/2下。其六，尽量将视线方向反光物体消除，例如车辆反光镜等因素，视线与地面及别的障碍物距离要大于0.5m。其七，光靶镜面尽量垂直于视线，测量点与光靶中心间连线尽量和视线垂直或重合。

第二节 勘测定界图绘制

勘测定界图是集各项地籍要素、土地利用现状要素和地形、地物要素为一体的区域性专业图件。勘测定界图是利用实测界址点坐标和实地调查测量的权属、土地利用类型等要素在地籍图或地形图上编绘或直接测绘。勘测定界图的比例尺不小于1：2000，大型工程勘测定界图比例尺不小于1：10000。

一、勘测定界图主要内容

（1）用地界址点和线、用地总面积。

（2）用地范围内各权属单位名称及土地利用类型代号。

（3）用地范围内各地块编号及土地利用类型面积。

（4）用地范围内的行政界线、各权属单位的界址线、基本农田界线、土地利用总体规划确定的城市和村庄集镇建设用地规模范围内农用地转为建设用地的范围线、土地利用类型界线；地上物、文字注记、数学要素等。

二、勘测定界图表示方法

（1）勘测定界图上项目用地边界线可根据用地范围的大小用 0.3mm 的红色实线表示，界址点用直径为 1mm 的圆圈表示。

（2）基本农田界线使用绿色绘制，并注明基本农田。

（3）农用地转为建设用地范围线使用黄色绘制。

（4）土地利用类型界线用直径 0.3mm、点间距 1.5mm 的点线表示。

（5）勘测定界图上用地范围内每个权属单位均应在适当位置注记权属单位名称和面积。

（6）每个地块均应在适当的位置注记地块编号、土地利用类型号和面积。

（7）勘测定界图图式按照《地籍调查规程》（TD/T 1001-2012）的规定执行。若规程未作规定的图式，应按照国家颁布的现行比例尺图式执行。

（8）勘测定界图的平面位置精度，界址点或明显地物点相对于邻近图根点的点位中误差及相邻平面点的间距中误差，在图上不得大于规定。

（9）项目用地范围涉及多幅图纸，应编绘图幅接合表。

（10）将用地范围展绘在比例尺不小于 1：10000 的土地利用现状图，制作勘测定界用地范围图。大型项目勘测定界用地范围图，比例尺不小于 1：50000。

第三节　土地勘测定界技术报告编写

土地勘测定界技术报告分为征地报告和供地报告，两者内容大同小异。以征地报告为例学习，其内容包括：土地勘测定界技术说明、勘测定界表、勘测面积表、土地分类面积表、勘界图、界址点坐标成果表、土地利用现状图、权属审核表等。

一、土地勘测定界技术报告书封面及目录

（1）封面注明用地单位、建设项目名称、勘测定界单位。

（2）目录包括：技术说明、勘测定界表、勘测面积表、土地分类面积表、勘界图、界址点坐标成果表、土地利用现状图。

二、土地勘测定界技术说明

技术说明主要包括：勘测定界的目的和依据、施测单位、施工日期、勘测定界外业调查情况、勘测定界外业测量情况、勘测定界面积量算与汇总情况、工作底图的选择、勘测定界图编绘（测量）方法、对成果资料的说明以及自检情况等。

三、勘测定界表

土地勘测定界表主要填写内容有：用地单位名称及经办人、单位地址及主管部门、土地坐落及用途、相关文件、图幅号、勘界单位的签注。勘界单位主管领导、项目负责人及审核人应在勘测定界表上签字。

四、勘测定界面积表

勘测定界面积表是集体土地及国有土地的总面积，申请用地占用农用地、建设用地未利用地的总面积，征用集体土地的总面积，国有土地划拨的总面积，国有土地出让的总面积，代征的集体土地总面积，由用地单位申请作为规划道路的总面积，临时使用土地的总面积等。

五、土地分类面积表

土地勘界面积量算和汇总的数据是用地审批中一项关键的数据。项目用地面积核定内容包括项目用地总面积、项目占用集体土地、国有土地的面积，占用农用地、建设用地、未利用地的面积，量算出征用面积和其中占用耕地、基本农田的面积，划拨或出让土地的数量，代征土地面积和其中占用耕地、基本农田的面积，临时用地面积，规划道路面积。同时还要把占用他项权利的集体土地或国有土地的面积量算出来，以便为土地登记提供依据。

第七章　变更地籍调查与测量

第一节　变更界址测量

一、变更地籍调查及测量概述

变更地籍调查与测量是指在完成初始地籍调查与测量之后，为适应日常地籍管理工作的需要，保持地籍资料的现势性而进行的土地及其附着物的权属、位置、数量、质量和利用状况的调查。通过变更地籍调查与测量，不仅可以使地籍资料保持现势性，还可以提高数据精度，修正以前的错误，逐步完善地籍资料的内容。

(一) 变更地籍调查与测量的作用与特点

初始地籍建立后，随着社会经济的发展，土地被更细致地划分，建筑物越来越多，用途不断地发生变化，以房地产为主题的经济活动，如房地产的继承、转让、抵押等，更加频繁。因此，要求地籍管理者必须及时作出反应，对地籍信息进行变更，以维持社会秩序和保障经济活动正常运作。

1. 变更地籍调查与测量的作用

变更地籍调查与测量的作用主要体现在以下几个方面。

(1) 保持地籍资料的现势性。

(2) 可使实地界址点位逐步得到认真的检查、补置、更正。

(3) 使地籍资料中的文字部分逐步得到核实、更正、补充。

(4) 逐步消除初始地籍中可能存在的差错。

(5) 使地籍测量成果的质量逐步提高。

2. 变更地籍调查与测量的特点

变更地籍调查与测量与初始地籍调查与测量的地理基础、内容、技术方法和原则是一样的，但又有下列特点。

（1）目标分散，发生频繁，调查范围小。

（2）政策性强，精度要求高。

（3）变更同步，手续连续。进行了变更测量后，与本宗地有关的表、卡、册、证、图均需进行变更。

（4）任务紧急。使用者提出变更申请后，需立即进行变更调查与测量，才能满足使用者的要求。

由此可见，变更地籍调查与测量是地籍管理的一项日常工作，变更地籍调查与测量通常由同一个外业组一次性完成。

(二) 地籍变更的内容

地籍变更的内容主要是宗地信息的变更，包括更改宗地边界信息的变更和不更改宗地边界信息的变更。

1. 更改边界宗地信息的变更情况

（1）征用集体土地。

（2）城市改造拆迁。

（3）划拨、出让、转让国有土地使用权，包括宗地分割转让和整宗土地转让。

（4）土地权属界址调整、土地整理后的宗地重划。

（5）宗地的边界因冲积作用或泛滥而发生的变化等。

（6）由于各种原因引起的宗地分割和合并。

2. 不更改边界宗地信息的变更情况

（1）转移、抵押、继承、交换、收回土地使用权。

（2）违法宗地经处理后的变更。

（3）宗地内地物、地貌的改变等。如新建建筑物、拆迁建筑物、改变建筑物的用途及房屋的翻新、加层、扩建、修缮。

（4）精确测量界址点的坐标和宗地的面积。这通常是为了转让、抵押等土地经济活动的需要。

（5）土地权利人名称、宗地位置名称、土地利用类别、土地等级等的变更。

（6）宗地所属行政管理区的区划变动，即县市区、街道（地籍区）、街坊

（地籍子区）、乡镇等边界和名称的变动。

（7）宗地编号和房地产登记册上编号的改变。

（三）地籍变更的程序

1. 调查准备工作

调查准备的资料包括：变更土地登记申请书；变更宗地及相邻宗地的地籍档案；变更宗地所在基本地籍图；变更宗地及相邻宗地原地籍调查表的复制件；变更过地附近的地籍平面控制资料（网图、点之记、坐标）；变更地籍调查通知书；变更地籍调查表。

2. 发送变更地籍调查通知书

根据变更土地登记申请书，发送变更地籍调查通知书。有界址变更情况的，应通知申请者预先在实地分割点上或自然变更界址点上设置界址点标记。

3. 实地调查

首先核对申请者、指界代理人的身份证明及申请原因、项目与申请书是否相符。

界址变更时必须由变更宗地申请者及相邻宗地使用者或委托代理人到场共同认定，并在变更地籍调查表上签名盖章。相邻宗地使用者或委托代理人届时不到场，申请者或相邻宗地使用者不签名盖章时，按照有关规定进行处理。

（四）地籍变更申请

地籍变更申请一般有两种情况：一是来自社会的间接申请；二是来自国土管理部门的日常业务申请。来自社会的间接地籍变更申请是指土地管理部门接到房地产权利人提出的申请或法院提出的申请后，根据申请报告由国土管理部门的业务科室向地籍变更业务部门提出地籍变更申请。土地管理部门的业务科室在日常工作中经常会产生新的地籍信息，例如监察大队、地政部门、征地部门等，这些业务科室应向地籍变更业务主管部门提出地籍变更申请。

地籍变更的资料通常由变更清单、变更证明书和测量文件组成。一般说来，如变更登记的内容不涉及界址的变更，并且该宗地原有地籍几何资料是用解析法测量的，则经地籍管理部门负责人同意后，只变更地籍的属性信息，不进行变更地籍测量，而沿用原有几何数据。

(五) 变更地籍调查与测量的准备

变更地籍调查与测量的技术、方法与初始地籍调查与测量相同。变更地籍测量前必须充分检核有关宗地资料和界址点点位，并利用当时已有的高精度仪器，实测变更后宗地界址点坐标。所以，进行变更地籍调查与测量之前应准备以下主要资料。

(1) 变更土地登记或房地产登记申请书；

(2) 原有地籍图和宗地图的复制件；

(3) 本宗地及邻宗地的原有地籍调查表的复制件 (包括宗地草图)；

(4) 有关界址点的坐标数据；

(5) 必要的变更数据的准备，如宗地分割时测设元素的计算；

(6) 变更地籍调查表；

(7) 本宗地附近测量控制点成果，如坐标、点的标记或点位说明、控制点网图；

(8) 变更地籍调查通知书。

根据变更土地登记申请，发送变更地籍调查通知书。有界址变更情况的，应通知申请者预先在实地分割界址点或自然变更的界址点上设立界址标记。

(六) 变更地籍要素的调查

在变更地籍调查中，应着重检查和核实以下内容。

(1) 检查变更原因是否与申请书上的一致。

(2) 检查本宗地及邻宗地指界人的身份。

(3) 全面复核原地籍调查表中的内容是否与实地情况一致，如土地使用者名称、单位法人代表或户主姓名、身份证号码、电话号码等；土地坐落、四邻宗地号或四邻使用者姓名；实际上地用途；建筑物、构筑物及其他附着物的情况等。

以上各项内容若有不符的，必须在调查记事栏中记录清楚，遇到疑难或重大事件时，留待以后调查研究处理，有了处理结果再修改地籍资料。

(七) 变更地籍资料的要求

变更地籍调查与测量后，必须对有关地籍资料做相应的变更，做到各种地籍资料之间有关内容一致。通过变更后，本宗地的图、表、卡、册、证之间，相邻宗地之间的边界描述及宗地四邻等内容不应产生矛盾。

地籍资料的变更应遵循用精度高的资料取代精度低的资料、用现势性好的资料取代陈旧的资料这一原则。考虑到变更地籍资料的规范性和有序性，要求以下几点。

1. 宗地号、界址点号的变更

在长时期的地籍管理过程中，一个宗地号对应着唯一的一个宗地。宗地合并、分割、边界调整时，宗地形状会改变，这时宗地必须赋以新号，旧宗地号将作为历史，不复再用。同理，旧界址点废弃后，该点在街坊内统一的编号作为历史，不复再用，新的界址点赋予新号。

界址未发生变化的宗地，除行政区划变化引起宗地档案的变更外，所有地籍号不变更。当行政界线区划变化引起宗地地籍号变更后，应利用变更后的街道、街坊编号取代原街道、街坊编号，在原街道、街坊编号上加盖"变更"字样印章，填写新的街道、街坊编号，将宗地档案汇编于新的街道街坊档案，在原街道街坊档案中注明宗地档案去向，取消原宗地编号，在原宗地编号上加盖"变更"字样印章，在新的街坊宗地最大编号后续编宗地号。

无论宗地分割或合并，原宗地号一律不得再用。分割后的各宗地以原编号的支号顺序编列；数宗地合并后的宗地号以原宗地号中的最小宗地号加支号表示。如18号宗地分割成三块宗地，分割后的编号分别为18-1、18-2、18-3；如18-2号宗地再分割成2宗地，则编号为18-4、18-5；如18-4号宗地与10号宗地合并，则编号为10-1，如18-5号宗地与25号宗地合并，则编号为18-6。利用计算机管理时，分割后的各宗地可以采用该街坊的最大宗地号后顺序续编。

新增宗地地籍号的变更应分两种情况：若新增宗地划归原街道、街坊内，其宗地号须在原街道、街坊内宗地最大宗地号后续编；若新增宗地属新增街道、街坊，其宗地号须按《地籍调查规程》(TD/T 1001-2012)的规定编号，新增街道、街坊编号须在调查区最大街道、街坊号后续编。

2.宗地草图的变更

(1)界址未发生变化的宗地变更地籍调查时宗地草图的变更。界址未发生变化的宗地，不需到实地进行变更调查的，不重新绘制宗地草图，在室内依据变更土地登记申请书修改原宗地草图，并在修改处加盖"变更"字样的印章。

界址未发生变化的宗地，需要到实地进行变更调查的，根据实际需要，决定是否重新绘制宗地草图。不需要重新绘制宗地草图的，在实地修改原宗地草图，并在修改处加盖"变更"字样的印章；需要重新绘制宗地草图的，按要求在实地勘丈宗地草图，并在原宗地草图上加盖"变更"字样的印章，注明原因，与重新绘制的宗地草图一起归档。

(2)界址发生变化的宗地变更地籍调查时宗地草图的变更。界址发生变化的宗地变更地籍调查时，应按要求在实地勘丈宗地草图，并在原宗地草图上加盖"变更"字样的印章，原宗地草图归到原宗地档案中，新形成的宗地草图归到相应的宗地档案中。新增宗地的宗地草图应当按《地籍调查规程》(TD/T 1001-2012)的规定绘制。

3.地籍调查表的变更

(1)界址未发生变化的宗地变更地籍调查时，地籍调查表的变更直接在原地籍调查表上进行，在原地籍调查表内变更部分加盖"变更"字样的印章，注记新变更内容，并将新变更内容填写在变更地籍调查记事表内。需要到实地调查的，若发现原测距离精度低或量算错误，须在原地籍调查表上用红线划去错误数据，注记检测距离，注明原因。当地籍调查表同一项内容变更超过两次，应重新填制地籍调查表，在原地籍调查表封面及变更部分加盖"变更"字样的印章，与重新填制的地籍调查表一起归档。

(2)界址发生变化的宗地变更地籍调查时，对新形成的宗地须按变更情况填写地籍调查表，并注明原宗地号。在原地籍调查表封面加盖"变更"字样印章，并注明变更原因及新的宗地号。根据实地调查情况，按《地籍调查规程》(TD/T 1001-2012)有关规定，以新形成的宗地为单位填写地籍调查表。新增设的界址点、界址线须严格履行指界签字盖章手续。对没有发生变化的界址点、界址线，不需重新签字盖章，但在备注栏内须注记原地籍调查表号，并说明原因，同一界址点变更前后的编号如果不一致，还应注明原界址点号。将原使用人、土地坐落、地籍号及变更主要原因在说明栏内注明。

4. 地籍图的变更

采用数字法测绘地籍图的变更，数字地籍图应随宗地变更而随时更改，但要保留历史上每一时期的数字地籍图现状。

采用模拟法测绘地籍图的变更，地籍铅笔原图作为永久性保存资料，不得改动；地籍二底图应随宗地变更而随时更改，发生变更时，在二底图复制件(蓝晒图或复印图)上用红色笔标明变更情况，存档备查。也可将一定时间内的变更内容标注在同一张二底图复制件上，一宗地变更两次或全图变更数量超过1/3时，应重新绘制二底图。根据变更勘丈成果或变更宗地草图修改二底图的有关内容，去掉废弃的点位、线条和注记，画上变更后的地籍要素。为保证地籍图的现势性，当一幅图内或一个街坊宗地变更面积超过1/2时，应对该图幅或街坊进行基本地籍图的更新测量，重新测绘地籍铅笔原图。

5. 宗地图的变更

宗地图是土地证书的附图，变更地籍测量时，无论变更宗地界址是否发生变化，都应依据变更后的地籍图或宗地草图，按《地籍调查规程》(TD/T 1001-2012)有关规定重新绘制宗地图。原宗地图不得划改，应加盖"变更"字样印章保存。

由于变化宗地地籍要素的变更引起相邻宗地地籍要素变化的，相邻宗地需进行相应变更。如果宗地的变更只引起相邻宗地四至变化，而相邻宗地其他地籍要素未变的，相邻宗地四至状况可暂不做变更。

6. 宗地面积的变更

宗地面积变更应分三种情况：变更前后均为解析法量算的宗地面积，如原界址点坐标满足精度要求，利用原界址点坐标计算宗地面积；变更前采用图解法量算面积，变更后采用解析法量算面积的，应利用解析法量算的宗地面积取代原宗地面积；变更前后均采用图解法量算的宗地面积，对宗地形状未变或宗地合并的，如两次面积量算差值满足规定限差要求，仍以原面积数据为准，如两次面积差值超限，则应查明原因，取正确值。

对宗地分割的宗地面积变更，如变更后宗地面积之和与原宗地面积的差值满足规定限差要求，将差值按分割宗地面积比例配赋到变更后的宗地面积，如差值超限，则应查明原因，并取正确值。

7. 界址点坐标的处理

如果原地籍资料中没有该点的坐标，则新测的坐标直接作为重要的地籍资料保存备用。如果旧坐标值精度较低，则用新坐标取代原有资料。如果新测坐标值与原坐标值的差数在限差之内，则保留原坐标值，新测资料归档保存。

8. 房屋的结构、层数、建筑面积等要素的变更

应重新制作房屋调查报告，在变更地籍调查表中填写最新调查数据。

如已建立地籍信息系统，则以上 4 ~ 8 步的工作均可在计算机上完成。

上述变更地籍调查与测量工作完成后，才可履行变更房地产变更手续，在土地登记卡或房地产登记卡中填写变更记事，然后换发土地证书或房地产证书。

二、变更界址点调查及测量

变更界址测量是为确定变更后的土地权属界址、宗地形状、面积及使用情况而进行的测绘工作。变更界址测量在变更权属调查基础上进行。

变更界址测量包括更改界址和不更改界址两种测量。在工作程序上，可分两步进行：一是界址点、线的检查；二是进行变更测量。

(一) 更改界址的变更界址测量

1. 原界址点有坐标的情况

(1) 界址点检查：

1) 这项工作主要是利用界址调查表中界址标志和宗地草图来进行。检查内容包括：界标是否完好，复量各勘丈值，检查它们与原勘丈值是否相符。按不同情况分别做如下处理。

①如果界址点丢失，则应利用其坐标放样出它的原始位置，再用宗地草图上的勘丈值检查，然后取得有关指界人同意后埋设新界标。

②如果放样结果与原勘丈值检查结果不符，则应查明原因后处理。

③如果发生分歧，则不应急于做出结论，宜按"有争论界址"处理，即设立临时标志、丈量有关数据、记载各权利人的主张。如果各方对所记录的

内容无异议，则签名盖章。

2）若检查界址点与邻近界址点间或与邻近地物点间的距离与原记录不符，则应分析原因，按不同情况分别处理。

①如果原勘丈数据错误明显，则可以依法修改。

②如果检查值与原勘丈值的差数超限，经分析这是由于原勘丈值精度低造成的，则可用红线划去原数据，写上新数据；如果不超限，则保留原数据。

③如果分析结果是标石有所移动，则应使其复位。

（2）变更测量：

1）宗地分割或边界调整测量。

①宗地分割及调整边界测量放样数据准备及新增界址点放样。权属调查前新增界址点放样数据的准备，应根据变更调查申请书提供资料及原地籍调查成果，准备相应的放样数据。经分割双方现场认定，现场先设置界标的，不需要准备放样数据。

②宗地分割及调整边界新增界址点测量。放样完成后，宗地分割及调整边界新增界址点一般应按照《地籍调查规程》（TD/T 1001-2012）要求采用解析法测量，特殊情况可以采用图解勘丈法。如果变更调查申请书提供坐标，解析测量的新增界址点坐标与申请坐标误差的中误差为 ±10cm，在允许误差范围内，采用解析测量坐标作为新增界址点坐标成果。

2）宗地合并测量。宗地合并不重新增设界址点的，除特殊需要外，原则上可不进行变更地籍测量，直接应用原测量结果。申请人提出重新进行地籍测量时，应按照《地籍调查规程》（TD/T 1001-2012）要求采用解析法进行地籍测量。

2. 原界址点没有坐标的情况

（1）检查界址点：

①界址点丢失的处理。利用原栓距及相邻界址点间距、界址标示，在实地恢复界址点位，设立新界标。

②检查勘丈值与原勘丈值不符时的处理。分析判明原因，然后针对不同情况，如原勘丈值明显有错、原勘丈值精度低、标石有所移动等给予相应的处理，也可先实测全部界址点坐标，然后进行界址变更。

（2）变更测量：

①宗地分割或边界调整时，可按预先准备好的放样数据，测设界址点的位置后，埋设标志，也可以在有关方面同意的前提下先埋设界标，再测量界址点的坐标。

②宗地合并及边界调整时，要销毁不再需要的界标，并在界址资料中进行相应的修改。

③用解析法测量本宗地所有界址点的坐标，并以此为基础，更新本宗地所有的界址资料，包括界址调查表（含宗地草图）界址点资料、界址图、宗地面积以及宗地图。

（二）不更改界址的变更界址测量

1. 界址点的检查

包括界址点位检查及用原勘丈值检查界址标志是否移动。具体内容同"更改界址的变更界址测量"。

2. 变更测量

一般是用当时已有的高精度的仪器，实测宗地界址点坐标。具体内容除没有分割、边界调整及合并宗地时设置新界址点及销毁不再需要界址点的工作外，其他与"更改界址的变更地籍测量"基本相同。

第二节　界址恢复与鉴定

一、界址的恢复

在界址点位置上埋设了界标后，应对界标细心加以保护。界标可能因人为或自然因素发生位移或遭到破坏，为保护地产拥有者或使用者的合法权益，须及时对界标的位置进行恢复。

在某一地区进行地籍测量之后，表示界址点位置的资料和数据一般有：界址点坐标，宗地草图上界址点的点之记、地籍图、宗地图等。对一个界址点，以上数据可能都存在，也可能只存在某一种数据。可根据实地界址点位移或破坏情况和已有的界址点数据及所要求的界址点放样精度、已有的仪器设备来选择不同的界址点放样方法。

恢复界址点的放样方法一般有直角坐标法、极坐标法、角度交会法、距离交会法。这几种方法其实也是测定界址点的方法。因此，测定界址点位置和界址点放样是互逆的两个过程。不管用哪种方法，都可归纳为两种已知数据的放样，即已知长度直线的放样和已知角度的放样。

(一) 已知长度直线的放样

这里的已知长度是指界址点与周围各类点间的距离，具体情况如下所述。

(1) 界址点与界址点间的距离。

(2) 界址点与周围相邻明显地物点间的距离。

(3) 界址点与邻近控制点间的距离。

这些已知长度可以通过坐标反算得到，也可以从宗地草图或宗地图上得到，并且这些距离都是水平距离。

在地面上，可以用测距仪或鉴定过的钢尺量出已知直线的长度，并且在作业过程中考虑仪器设备的系统误差，从而使放样更加精确。

(二) 已知角度的放样

已知角度通常都是水平角。在界址点放样工作中，如用极坐标法或角度交会法放样，才要计算出已知角度，此时已知角度一般是指界址点和控制点连线与控制点和定向点之间连线的夹角。

二、界址的鉴定

依据地籍资料 (原地籍图或界址点坐标成果) 与实地鉴定土地界址是否正确的测量作业，称为界址鉴定 (简称鉴界)。界址鉴定工作通常是在实地界址存在问题，或者双方有争议时进行。

问题界址点如有坐标成果，且临近还有控制点 (三角点或导线点) 时，则可参照坐标放样的方法予以测设鉴定。如无坐标成果，则能在现场附近找到其他明显界址点，应以其暂代控制点，据以鉴定。否则，需要新施测控制点，测绘附近的地籍现状图，再参照原有地籍图、与邻近地物或界址点的相关位置、面积大小等加以综合判定。重新测绘附近的地籍图时，最好能选择与旧图等大的比例尺并用聚酯薄膜测图，这样可以直接套合在旧图上加以对比审查。

正常的鉴定测量作业程序如下。

（一）准备工作

（1）调用地籍原图、表、册。

（2）精确量出原图图廓长度，与理论值比较是否相符；否则，应计算其伸缩率，以作为边长、面积改正的依据。

（3）复制鉴定附近的宗地界线。原图上如有控制点或明确界址点（愈多愈好），尤其要特别小心地转绘。

（4）精确量定复制部分界线长度，并注记于复制图相应各边上。

（二）实地施测

（1）依据复制图上的控制点或明确的界址点位，并判定图与实地相符正确无误后，如点位距被鉴定的界址处很近且鉴定范围很小，即在该点安置仪器测量。

（2）如所找到的控制点（或明确界址点）距现场太远或鉴定范围较大，应在等级控制点间按正规作业方法补测导线，以适应鉴界测量的需要。

（3）用光电测设法、支距法或其他点位测设方法，将要鉴定的界址点的复制图上位置测设于实地，并用鉴界测量结果计算面积，核对无误后，报请土地主管部门审核备案。

第三节　数值法土地分割

数值法土地分割，是指以地块的界址点坐标作为分割面积的依据，利用数学公式，求得分割点坐标的方法。这种方法精度较高，且可长久保存，常用于地域较大及地价较高的地块划分。

已知任意四边形 $ABCD$，其各角点的坐标已知，四边形的总面积为 F，现有一直线分割四边形 *ABCD*，如图 7-1 所示，与 *AB* 边的交点为分割点 *P*，与 *CD* 边的交点为分割点 *Q*，已知 APOD 的面积为 *f*，求分割点 *P*、*Q* 的坐标 $(X_p,\ Y_p)$、$(X_Q,\ Y_Q)$。

由上面列出的条件可得到两个三点共线方程: *A*、*P*、*B* 点的共线方程为:

$$\frac{Y_p - Y_A}{X_p - X_A} = \frac{Y_B - Y_A}{X_B - X_A} \tag{7-1}$$

C、*Q*、*D* 点的共线方程为:

$$\frac{Y_Q - Y_C}{X_Q - X_C} = \frac{Y_D - Y_C}{X_D - X_C} \tag{7-2}$$

分割面积 *f* 为已知，则可依据各角点坐标列出面积公式:

$$2f = \sum_{i=1}^{n}(X_i + X_{i+1})(T_{i+1} - Y_i) \tag{7-2}$$

式中，*i* 为测量坐标系中图形按顺时针方向所编点号，$i = 1,\ 2,\ 3,\cdots,\ n$。本例中的 1、2、3、4 对应 *A*、*B*、*C*、*D*。

上述三个方程不能解求四个未知数，必须再给出一个已知条件并列出方程与上述三个方程构成方程组，从而结算出 *P*、*Q* 点的坐标。现分述如下。

（1）当 *Q*、*O* 两点所在的直线过一定点 *K*，已知 *K* 点的坐标为 $(X_K,\ Y_K)$，此时，有 *P*、*K*、*Q* 三点共线方程:

$$\frac{Y_K - Y_P}{X_K - X_P} = \frac{Y_Q - Y_P}{X_Q - X_P} \tag{7-4}$$

联立方程 (7-1)~(7-4)，即可求得 *P* 点和 *Q* 点的坐标。

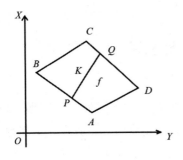

图 7-1　四边形分割图示

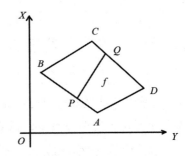

图 7-2　过定点分割图示

如果 K 点在 AB 边上，则 K 点与 P 点重合，联立方程（7-1）和（7-2），即可求得 P、Q 点的坐标。

如果 K 点在 CD 边上，则 K 点与 Q 点重合，联立方程（7-2）和（7-3），即可求得 P、Q 点的坐标。

（2）当 PQ 平行多边形一边时，即已知 PQ 所在的直线方程的斜率。如图 7-3 所示，$PQ \mathbin{/\!/} AD$，则 $K_{PQ}=K_{AD}$，所以：

$$\frac{Y_Q - Y_P}{X_Q - X_P} = \frac{Y_D - Y_A}{X_D - X_A}$$

(7-5)

联立方程（7-1）、（7-2）、（7-3）、（7-5），即可求得 P、Q 点的坐标。

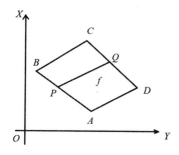

图 7-3　平行分割图示

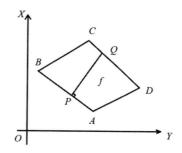

图 7-4　垂直分割图示

（3）当 PQ 垂直于多边形一边时，即已知 PQ 所在的直线方程的斜率。

如图 7-4 所示，$PQ \perp AB$，则 $K_{PQ} = \dfrac{1}{K_{AB}}$，所以：

$$\frac{Y_Q - Y_P}{X_Q - X_P} = \frac{Y_B - Y_A}{X_B - X_A}$$

(7-6)

联立方程（7-1）、（7-2）、（7-3 ）、（7-6），即可求得 P、Q 点的坐标。

上述结论适用于不同形状地块的土地分割计算，包括三角形、四边形以及多边形地块。运用数值法进行土地分割计算时，应注意如下几个问题。

①坐标系的转换：上述方程组是在测量坐标系中给出的。当所给出的坐标系为数学坐标系或施工坐标系时，应先将坐标系转换为测量坐标系。

②点的编号顺序：由于方程组中含有坐标法面积公式，此时需注意点的编号顺序应为顺时针，以保证面积值为正。如果采用逆时针编号，则应取绝对值。

③当地块边数较多时，可将其划分为几个简单图形分别计算。若无法定出分割点 P 所在的边，则可将邻近边的直线方程尽皆列出，分别参与方程组的计算，并依据面积条件进行取舍，以求得最终的分割点坐标。

土地分割及界线调整的案例很多，每个案例条件各不相同，只要灵活应用上述方程组，并做到具体问题具体分析，则对于一般的分割业务均能应付自如。

第八章　遥感技术在地籍测量中的应用

第一节　遥感技术概述

一、遥感与遥感技术系统

(一) 遥感的概念

简单地说，遥感就是遥远的感知。通常指空对地的遥感，即不直接接触物体本身，从远处通过仪器 (传感器) 探测和接收来自目标物体的信息 (如电场、磁场、电磁波、地震波等信息)，经过信息的传输及其处理分析，识别物体的属性及其分布等特征。

(二) 遥感技术系统

遥感技术是从不同高度的平台上，使用各种传感器，接收来自地球表层各类地物的各种电磁波信息，并对这些信息进行记录、传输、加工 (分析) 处理，从而对地物的属性进行识别的综合性技术。

根据遥感的含义，遥感技术系统应包括：被测目标的信息获得、信息记录与传输、信息处理与信息应用。

被测目标物信息特征是指任何目标 (如地籍测量中的河流、道路、房屋、围墙等) 都具有不同的发射、反射和吸收电磁波的性质，它是遥感探测、识别目标物的依据。

目标物信息获得是将传感器装载在遥感平台上，根据生产和科研的需要，获得某地区地物、地形电磁辐射信息。传感器有扫描仪、摄影仪、摄像机、雷达等，遥感平台有遥感车辆、飞机、气球、卫星、宇宙飞船、航天飞机等。

信息的记录是将传感器获得目标物的电磁波信息记录在磁性介质上或

胶片上。信息的处理是指将记录在磁性介质或胶片上的信息进行一系列处理。如对记录在胶片上的信息经过显影、定影、水洗获得底片再经曝光印晒成图像，或对记录在磁性介质上的信息经信息恢复、辐射校正、几何校正和投影变换等，变换成用户可使用的通用数据格式，或转换成模拟图像（记录在胶片上）供用户使用。

信息的应用是遥感的最终目的，在地籍测量中，就是利用通过遥感技术获得的图像，进行控制测量和绘制地籍图。

（三）遥感技术的基本原理

遥感是利用诸如常规的照相机或利用对可见光及可见光区域之外的电磁辐射敏感的电子扫描仪获取影像用于分析的技术。换句话说，遥感是通过测量反射或发射电磁辐射以获得地球表面特征的技术。它能使我们识别主要的区域或局部地形特征以及地质关系，有助于发现有矿产潜力的地区。安装在卫星上的遥感仪器扫描地球表面并测量反射太阳的辐射或地表发射的辐射，通常波长范围为 $0.3 \sim 3\mu m$，这些波长范围跨越了从超紫外线、可见红外线到微波雷达光谱。由传感器从远距离接收和记录目标物所反射的太阳辐射电磁波及物体自身发射的电磁波（主要是热辐射）的遥感系统称为被动遥感。另一方面，测量由飞行器本身发射出的辐射在地球表面的反射，这类方法称为主动遥感方法（有时又称为遥测）；其主要优点是不依赖太阳辐射，可以昼夜工作，而且可以根据探测目的的不同，主动选择电磁波的波长和发射方式。

一般利用各种合成方式构建多光谱影像或颜色合成影像。我们把遥感影像中的每一种颜色称为一个光谱波段，遥感技术可以探测到少至一个、多至 200 个左右的波段。

由于不同的岩石类型在不同的光谱范围内具有不同的反射辐射特征，所以，根据遥感信息我们能对一个地区作出初步的地质解释，一些与矿床关系密切的地质特征提供了能够用遥感探测到的强信号。例如，与热液蚀变有关的褪色岩石和与斑岩铜矿氧化带有关的红色铁帽，或者是可能赋存贵金属矿脉的火山岩区的断裂等，这些特征即使被土壤或植被覆盖，有时也能清楚地识别。部分植被本身也具有反射地下异常金属含量的效应。

遥感技术系统主要由遥感仪器（传感器，用来探测目标物电磁波特性的仪器设备，常用的有照相机、扫描仪和成像雷达等）、遥感平台（用于搭载传感器的运载工具，常用的有气球、飞机和人造卫星等）、地面管理和数据处理系统以及资料判译和应用等部分组成。

遥感技术可以根据不同的依据进行划分见表 8-1 所示。

表 8-1　遥感技术分类

分类依据	分类	说明
按遥感平台的高度分类	航天遥感（太空遥感）	指利用各种太空飞行器为平台的遥感技术系统，在大气层之外飞行，高度为几百至几万千米。以人造地球卫星为主体，包括载人宇宙飞船，探控火箭、航天飞机和太空站，有时也把各种行星探测器包括在内
	航空遥感	泛指从飞机、飞艇、气球等空中平台对地观测的遥感技术系统，在大气层内飞行，高度为 100m～30km
	地面遥感	指以高塔、车、船为平台的遥感技术系统，将地物波仪或传感器安装在这些地面平台上，可进行各种地物波谱测量
按所利用的电磁波的光谱分类	可见光／反射红外遥感	主要指利用可见光（0.4～0.7μm）和近红外（0.7～2.5μm）波段的遥感技术
	热红外遥感	指利用波长 1～1000mm 的电磁波遥感
	微波遥感	以地球资源作为调查研究对象的遥感方法和实践，调查自然资源状况和监测再生资源的动态变化，是遥感技术应用的主要领域之一
按研究对象分类	资源遥感	对自然与社会环境的动态变化进行监测或作出评价与预报
	环境遥感	传感器不向目标发射电磁波，仅被动接收目标物的自身发射和对自然辐射源的反射能量，就可以测量、记录远距离目标物的性质和特征
按遥感的工作方式分类	被动式遥感	利用探测仪器发射信号（如雷达或激光雷达波和声呐等），并通过接收其反射回来的信号而了解被研究对象或现象的性质和特征
	主动式烟感	可分为可见光摄影、红外摄影和扫描、多光谱扫描、微波雷达和成像光谱图像等

按国际上的习惯，可以把遥感遥测理解为摄影测量、电视测量、多光谱测量、红外测量、雷达测量、激光测量和全息摄影测量等，而不包括使用航空物探方法。陆地资源卫星照片属于多光谱测量的资料，又称遥感影像。

(四) 航空遥感

航空遥感也称机载遥感，是指以各种飞机、气球等作为传感台和运载工具的遥感技术。飞行高度一般在 25km 以下。现代航空遥感技术已由常规的航空摄影发展到多种探测技术，如紫外摄影、红外摄影、多光谱摄影、多光谱扫描、热红外摄像以及各种雷达技术等。航空遥感成像具有比例尺大、地面分辨率高、机动灵活等特点。

航空摄影可为数十平方千米或更小范围的勘查工作提供地形和地质基础资料；卫星遥感使用较宽的电磁光谱，而航空摄影只利用可见光和近红外光谱部分。

航天飞机已经拍摄了一些极好的大区域照片，不过未能进行系统的覆盖拍摄。由飞机进行的垂直摄影所获得的照片，已成为多数地质工作的基础，目前我国常用的航空相片，像幅有 18cm × 18cm、23cm × 23cm 和 30cm × 30cm 三种，比例尺可从 1：10000 ~ 1：20000 或更小。彩色航空照片对矿产勘查是非常有用的，因为颜色能突出重要的地质细节，但彩色航空照片摄取较少，价格较贵，通常难于买到。

航空照片能精确地反映地貌及基岩岩性和构造，而且，根据其灰度或颜色分辨率能识别出诸如岩石蚀变带和硫化物氧化带等。因为飞机拍摄相邻地区的照片能够形成立体感，所以，地貌的细节表现得特别明显。这些毗邻的照片 (或称立体像对) 在前进方向叠加了大约 60%，侧向上叠加大约 30%。用作三维图视的立体镜可以是野外用的袖珍型或室内用的反射棱镜或单棱镜。因为是在中心透视中拍摄的单张航空照片，因而，它们具有边缘和高程畸变，这可以通过照片的联结或叠加所形成的一张有误差的照片镶嵌图上进行校正。

根据航片上可识别的地形、地貌和地质特征，帮助确定重点勘查工作区、参照地形标定工作路线、设置工作场所、部署地球化学取样或地球物理测线位置。因此，航片是勘查设计较理想的基础资料。

已经研制出无畸变、具颜色校正的航空摄影专用相机。黑白胶片目前仍是最常用的，但红外胶片和各种彩色胶片的应用已日渐广泛。

二、遥感的特点

(一) 宏观性强

遥感图像是从不同高度的遥感平台上摄取的地面影像。一张比例尺 $1:35000$ 的 $23cm \times 23cm$ 的航空像片，可展示出地面 $60km^2$ 多范围的地面景观实况。一幅陆地卫星图像可反映出 $34225km$ （$185km \times 185km$）的景观实况。遥感技术为宏观研究各种现象及其相互关系提供了有利条件。

(二) 外业工作量减少

与常规的地形测绘技术相比，外业工作量大大减少。对于常规地形测绘技术，虽然现在有了先进的测量仪器和技术（比如全站仪），但所有点位必须逐点在外业测量，受外界环境影响较大。而遥感技术可借助于微机和软件在室内对所获取的遥感信息进行分析处理和提取，制成各种图件；可全天候作业，提高了成图速度和精度。

(三) 信息量大

您遥感所获得的信息量远远超过了用常规传统方法所获得的信息量。遥感不仅能获得地物可见光波段的信息，而且可以获得紫外线、红外、微波等波段信息。这无疑扩大了人们的观测范围和感知领域，加深了对事物的认识。

(四) 获取信息快，更新周期短

遥感通常为瞬时成像，可获得同一瞬间大面积区域的景观实况，现势性好。地球资源卫星则分别以 16 天、26 天或 4~5 天对同一地区重复观测一次。通过不同时间对同一地区所获取的遥感信息进行对比，可了解地物动态变化情况。

（五）综合效益高

遥感的费用投入与所获取的效益，与传统的方法相比，可以大大地节省人力、物力、财力和时间，具有很高的经济效益和社会效益。

三、遥感的分类

按不同的标准划分，遥感可分为不同的遥感类型。

（一）按遥感平台分

（1）地面遥感。平台主要是距地面 1 ~ 10m 的三角架、遥感车、舰船、塔等。地面遥感是遥感的基础。

（2）航空遥感。平台主要是距地面几公里至十几公里的飞机、气球。航空遥感是从空中对地面目标的遥感。它的特点是灵活性大、图像清晰、分辨率高。在地籍测量中，主要采用航空遥感。

（3）航天遥感。以距地面数百公里以外的卫星、火箭、航天飞机为平台，从外层空间对地球目标物进行的遥感。

（二）按传感器探测的波段分

（1）紫外线遥感。收集与记录来自目标物的紫外线辐射能，目前还在探索阶段。

（2）可见光遥感。收集与记录来自目标物的可见光波段的辐射能量，所用传感器有摄影机、扫描仪、摄像仪等。

（3）红外遥感。收集与记录来自目标物的红外波段的辐射能量，所用传感器有摄影机、扫描仪等。

（4）微波遥感。收集与记录来自目标物的微波波段的辐射能量，所用传感器有扫描仪、微波辐射计、雷达、高度计等。

（5）多光谱遥感。把目标物辐射来的电磁辐射分割成若干个窄的光谱带，然后同步探测，同时得到一个目标物不同波段的多幅图像。现在使用的多光谱遥感传感器有多光谱摄影机、多光谱扫描仪和反束光导管摄像仪等。

(三) 按传感器工作方式分

(1) 主动式遥感。使用人工辐射源从平台上先向目标物发射电磁波，然后接收和记录目标物反射或散射回来的电磁波，以此来进行探测目标物的属性。

(2) 被动式遥感。不利用人工辐射源，而是直接接收与记录目标物反射的太阳辐射或者目标物本身发射的热辐射和微波，以此来进行探测目标物的属性。

(四) 根据遥感资料的显示形式分

(1) 成像遥感。是把目标物发射或反射的电磁波能量分布以图像色调深浅来表示。

(2) 非成像遥感。是记录目标物发射或反射的电磁辐射和各种物理参数，最后资料为数据或曲线图。

(五) 按应用目的分类

根据遥感应用目的的不同，遥感可分为环境遥感、农业遥感、林业遥感、地质遥感、海洋遥感、土壤遥感等。

四、遥感技术在地籍测量中的应用

遥感技术应用到地籍测量中主要受图像分辨率的限制，随着航空航天技术、摄影技术、信息传输和处理技术的不断发展，遥感图像的分辨率逐步得到提高，使遥感技术应用到地籍测量中成为可能。我国进行大规模地籍测量以来，测绘工作者利用航空遥感图像，进行地籍测量实践，取得了一定的成果。实践证明，航测法地籍测量无论在地籍控制点、界址点的坐标测定，还是在地籍图细部测绘中都可满足《地籍调查规程》(TD/T 1001-2012) 的规定。

(一) 航测法地籍测量的优点

采用航测法测绘地籍图，比常规法测绘地籍图，具有质量好、速度快、经济效益高且精度均匀的优点，并可用数字航空摄影测量方法，提供精确的数字地籍数据，实现自动化成图。同时，为建立地籍数据库和地理信息系统提供广阔的前景。

(二)航测法地籍测量的主要工作过程

(1)资料准备。首先要收集与地籍测量有关的图件和文字资料，如航片、地形图、房产图和各种征地文件。同时，根据仪器和人员状况，制订作业计划。

(2)人工布标。地标需在航摄前布设，使航摄时地标能清晰成像，以增强判点和刺点准确性，达到提高电算加密精度的目的。

(3)航空摄影。航测地籍测量的航摄像片应优于常规航测像片，要求分辨率高，且比例尺大、航线正规。根据实验情况，航测地籍测量的像片比例尺一般为 1∶8000～1∶3000。

(4)像片选点。依其选定作业方法，按 1∶2000～1∶500 的航测外业规范和航测地籍测量设计书进行。

(5)像控点测量。持选好控制点的航片到实地判点，而后观测计算像控点坐标，作为内业加密定向点、界址点的依据。

(6)电算加密。即解析空中三角测量，加密内业定向点、图根点和地籍界址点，并进行平差。

(7)地籍调绘。持航片到实地判释确定行政界线、宗地界线、调绘宗地建筑物、土地使用类别、宗地权属状况等。

(8)内业测图。根据加密点、外业调绘片，按不同的作业仪器和方法进行。

(9)面积量算。根据界址点和宗地调查情况进行，数字化测图也可直接由计算机输出宗地面积。

(10)编制地籍图和地籍簿册。有条件时则将地籍数字化成果，或以数字化仪将地籍图输入地籍数据库建档。

第二节　航测法地籍控制测量

利用航空摄影图像，采用航测法进行控制点测量，包括图像控制点（像控点)和图根控制点(图根点)的坐标测定。

一、像控点的布点

像控点是航测内业加密和测图的依据,它的布点密度、位置、目标的选择和点位的精度对成图精度的影响很大。因此,像控点的布设必须满足航测成图的要求。像控点布点包括全外业布点、航线网布点和区域网布点。一般情况下只按航线网和区域网布点。布点的具体规定和要求如下。

(一) 布点的一般规则

(1)像控点一般应布设在航向,旁向6片(至少5片)重叠范围内,并使布设的点尽量公用。

(2)像控点离航片边缘不少于1cm(像幅为18cm×18cm)或1.5cm(23cm×23cm),离图像上的各类标志不少于1mm。

(3)像控点应选在重叠中线附近,离开方位线的距离应大于3cm(像幅为18cm×18cm)或5cm(23cm×23cm);当分别布点时,裂开的垂直距离应小于1cm,困难时不大于2cm。

(4)当按成图需要划分测区时,像控点尽量公用;当按图廓线划分测区时,自由图边的点要布设在图廓线外。

(二) 航线网布点的要求

(1)航线网布点要求在各条航线布6个平高点。

(2)首末像控点之间的基线数,平地、丘陵的平面点一般不超过10条基线,山地不超过14条基线。

(3)航线首末端点上下控制点应尽量位于通过像主点且垂直方位线的直线上,偏离时不应大于半条基线。上下对点应布在同一立体相对内。

(4)航线中间两控制点应布在首末控制点的中线上,偏离时不大于1条基线。

(三) 区域网布点的基本要求

(1)加密点有平面网或高程网,无论哪一种,航线的跨度、控制点间基线数不应超过规定。

（2）区域网平高像控点采用周边布点法，通常沿周边布 8 个平高点，点位要求与航线网布点相同。

二、控制点的布标和选刺

（一）像控点的布标

为了保证地籍图的测量精度，在航空摄影前应在实地铺设地面标志（简称布标）。布标的位置可在 1∶10000 的地形图上预先选出。即在地形图上先标出摄区范围，选定区域网和航线，并与飞行领航图一致，再按照像控点的航线网（或区域网）布点要求，在 1∶10000 的地形图上概略地确定布标位置。航摄前，持图到实地逐个定位，安放地标，并指派专人严加看管，直至航摄完毕。

预制地标一般采用四翼标，在 80cm×80cm 的纤维板上的中心位置绘出直径为 10cm 的黑色实圆，标翼为等腰黑色三角形，底宽 20cm，高约 30cm，纤维板底色为白色。为防止摄影时出现反光现象，标志面为毛面。

地标还可采用三翼形、十字形和圆形。地标的材料可因地制宜，以实用、节约为原则。如在水泥地面，可直接用油漆涂刷，也可以用塑料布、苇席、竹席等制作。地标的颜色应根据实地情况而定；暗色背景上布设白色标志，绿色植被背景上采用白色或黄色标志，水泥屋顶上和土地面上的标志用加黑边的白色为宜。

在实地布设地标时，应尽量布在道路交叉口、打谷场、田角处。在城市街巷和隐蔽地段，要注意有良好的对空视角。

（二）控制点的选刺

测制 1∶1000 的地籍图时，像控点也可不铺设地标。可先进行航摄，取得航摄图像，再在航摄图像上选点、刺点，确定像控点、图根点的具体位置。

在航摄图像上选刺点的要求是：平面控制点的实地刺点精度为图像上 0.1mm。点位目标明显，一般选刺在有良好交角的细小线状地物的交点上或有明显地物的折角顶点。刺点后，还应在摄影图像的背面用铅笔整饰，绘出放大的点位略图，标注刺点的位置和点号。供内业量测判定点位时的参考。

（三）图根控制点布设

地籍图根控制点应按照地籍测量设计书的要求进行，为便于日后使用，一般沿街巷、道路布设。1：500 图幅的点距为 70～100m；1：1000 图幅的点距为 70～150m。点位可用现场标志，例如，地物的拐角、高大建筑物、文化设施、大桥、立交桥、工矿、院校主要特征处、文物古建筑的特征点、城楼亭阁等。测定了这些图根点，便于日后检测、修测、更新地籍图使用。因此，这些点位须用油漆写出标记，并绘好点之记。

三、控制点的施测

测定像控点和图根控制点的平面位置方法通常有以下几个。

（一）电磁波测距导线、支导线和引点

在平地、丘陵地的地籍测量，导线全长不超过图上 3500mm，12 条边。导线闭合差不超过图上的 0.5mm，方位角闭合差额为 $\pm 24'' \sqrt{n}$ 。支导线全长不超过图上 900mm，边数不超过 3 条。往返距离较差为 $3(d+bD)$，其中 d 为测距仪标称精度，b 为比例误差，以 mm/km 计，D 为边长。

引点可用钢尺量距和电磁波测距，但不能用视距。量测长度不超过图上 100mm，往返距离较差不超过 1/100。光电测距引点长度不超过图上 500mm，两次距离较差与支导线相同。

（二）线性锁

锁长不超过图上 1300mm，三角形个数不超过 9 个。线性锁可以附合两次。

（三）交会法

边长不大于图上 600mm，前方、侧方、后方都要采用二组图形计算坐标其较差不超过图上 0.2mm。城镇地籍测量的城区尽量较多地使用导线

测量。

（四）GPS 测量

可用静态 GPS 进行观测，也可用 RTK（Real Time Kinematic）GPS 测量技术进行观测，但其精度必须满足航测成图的精度要求。

高程测定通常使用下述方法。

（1）图根水准。

（2）光电测距仪高程导线。

（3）三角高程导线和独立交会高程。

第三节　航测法测量地籍界址点

地籍的测量与常规的地形测量相比，一个主要的特点是要测绘大量的高质量、高精度的地籍界址点，以满足计算宗地面积和权属管理的需要。在普通地籍测量里，这些界址点是由野外施测的，即使数字化地籍测量之中用全站仪采集数据，也需逐个界址点立镜观测，野外工作量大。

利用航测电算加密方法是快速测定大量地籍界址点坐标的有效方法。国内在西安城区进行了"航测法测量地籍界址点"的试验，武汉测绘大学研制了用于界址点加密的"计算机联合平差程序 WuCAPS 系统"。通过试验、实践，获得了成功。

一、航测法测量地籍界址点坐标的思路与方法

航测法测量地籍界址点的坐标，是采用解析空中三角测量的方法求算出界址点的坐标。由于它的构网和平差等整个解算过程都是用计算机来完成，因此，习惯称之为"电算加密"。

解析空中三角测量的主要过程是：用精密立体坐标量测仪观测左、右航摄像片上同名像点、界址点坐标，按平差要求将数据（像点坐标数据和其他参数）输入计算机，并按计算程序进行像对的相对定向、模型连接和绝对定向，再进行平差计算，计算机将平差后的界址点的平差坐标、高程或外方位

元素等打印成表以供使用。

解析空中三角测量按所采用的平差单元不同可分为航线法区域网平差、独立模型法区域网平差、光束法区域网平差。这三种平差各有特点：光束法区域网平差的理论严密，加密点的精度高，其次是独立模型法区域网平差；航线法区域平差在理论上不如上述两种方法，航线也不宜过长，但它对计算机的容量要求不大，如运用得当，仍能达到满意的精度。

由最小二乘法原理知，平差只解决偶然误差的合理分配问题。所以大多数区域网平差（航线网除外）要求预先消除系统误差对像点坐标的影响，如航片变形、镜头光学畸变差和大气折光等。但消除误差后的残差总会存在。为了消除系统残差的影响，采取自检校平差方式，即设计带附加参数的区域网平差程序。

航线法区域网平差是以航线作为平差基本单元的区域平差。它是在建立航线网的基础上，利用已知点的内业加密坐标与其外业坐标相等，以及相邻航线加密的公用接边点的内业坐标应该相等的条件，在整个加密区内，将点的航线坐标作为观测值，用平差方法整体解算各航线的变形改正参数，从而计算出界址点的平面坐标。

独立模型法区域网是以单模型（双模型、模型组）作为基本单元的区域平差方法。它是在独立建立单模型的基础上，利用已知点的内业加密坐标与其外业坐标相等，以及有相邻模型确定的公用连接点的内业坐标应该相等的条件，在整个区域内，用平差方法确定每一单模型在区域中的最或然位置，从而计算出各界址点的地面坐标。独立模型法区域网平差要求在像点坐标中消除系统误差的影响。

光束法区域网平差是以每个光束（一张航片）作为基本单元的区域网平差方法。它的基本做法是先进行区域网概算，确定区域中各航片外方位元素近似值和各加密点坐标的近似值，然后按共线条件列出控制点、界址点的误差方程式，在全区范围内统一进行平差处理，联立解算出各航片的外方位元素和界址点的地面坐标。

二、电算加密界址点的作业要点

界址点对于邻近基本控制点的点位中误差不超过 ±5cm，二类界址点

(内部隐蔽处) 中误差不超过 ±7.5cm, 最大允许误差为 2 倍中误差, 这是航测电算加密界址点的基本要求。根据上述要求和试验, 航测电算加密界址点的作业要点如下。

(一) 选用高质量像片

一般是选择近期摄影的影像分辨率 (镜头构像所能再现物体细部的能力) 高的像片。为此, 航摄时要选用镜头分解力高、透光能力强、畸变差小、压平质量好和内方位元素准确的航摄仪, 如威特 R-10、RC-10A、RC-20, 及蔡司 LMK 等航摄仪进行航摄。航摄软片选柯达、航徽—Ⅱ软片等。

(二) 提高像片地面分辨率

像片地面分辨率是像片上能与其背景区别开来的最小像点所对应的地面尺寸, 一般与航摄比例尺有关。

(三) 提高判点和刺点精度

欲使加密界址点的中误差达到或小于 ±5cm 的精度, 提高地面点的判点精度是不可忽视的。布设地标, 能大大提高判点精度。若利用自然点作为图根点, 注意选择成像清晰的田角、房基角和交角良好的路岔口。

判读仪的选择和使用, 与判、刺点的精度直接相关。

转刺点必须使用精密立体转点仪, 例如威特厂的 PUG4 转点仪、欧波同厂的 PM-1 转点仪等。规范规定转刺点的孔径大小和转点误差不超过 0.06mm, 加密连接点和测图定向点必须一致。

(四) 使用精密立体坐标量测仪量测坐标

进行像点坐标量测是电算加密的主要工序之一。旧式的立体坐标量测仪量测精度为 ±5μm, 采用先进的精密立体坐标量测仪, 精度可达 1~2μm, 例如德国欧波同厂生产的 PSK-2 精密立体坐标量测仪, 直读精度可达 1μm。作业时, 由于量测点数非常多 (像控点、界址点、图根点等), 坐标量测仪必须带有自动记录装置, 最好是在线量测系统。

（五）合理布点保证对加密的有效控制

为了外业像控点对内业加密的有效控制，外业像控点采用沿周边布点，以保证加密点精度等于像点坐标量测精度。

（六）选用严密的平方差方法

前已述及，采用自检校法区域网平差，或叫带附加参数的区域网平差。把可能存在的系统误差作为待定未知参数，列入方程组中进行整体平差运算，以消除系统误差，可提高加密点精度。

第四节　利用遥感图像制作地籍图

利用遥感图像可制作影像地籍图、城镇分幅地籍图和宗地草图。

一、影像地籍图的制作

所谓影像地籍图，是利用遥感图像，经投影转换，将中心投影（或多中心投影）的遥感图像变成垂直投影的影像图，并在正射投影的影像上加绘宗地界、界址点、宗地号、宗地名称、土地利用状况等注记而成。现以航摄遥感图像为例，介绍正射影像地籍图制作的方法步骤。

（一）航片拷贝

航片拷贝是指航摄取得的航摄负片及时进行拷贝。一般拷贝两套，一套透明正片用于正射投影纠正，另一套用于加密控制点、界址点和数据采集。

（二）像片平面图的制作

在地面起伏不大、楼房不高的情况下，可以利用纠正仪进行像片纠正，得到消除了倾斜误差，比例尺符合制作影像地籍图的像片平面图。具体做法有以下两种。

1. 像片镶嵌

像片镶嵌是将经纠正的像片逐一拼贴、镶嵌制成平面图的方法。像片镶嵌前，首先在图板上展绘出各张像片上的纠正点，镶嵌时，按自上而下、自左而右的顺序进行，并使各张像片上的纠正点与展绘在图板上相应的纠正点重合，片与片之间沿调绘面积（或重叠部分的中部）切开。然后在纠正点的控制下逐片、逐条航线将像片粘贴到图板上，即得到航片平面图。

2. 光学镶嵌

光学镶嵌是在纠正仪上对点后，将晒像图板安放在承影面上曝光（只曝光应晒像的部分）。这样逐片、逐条航线进行（自上而下、自左而右）直至整幅图曝光完毕，再经显影、定影、水洗处理获得光学镶嵌的平面像片图。

（三）正射影像图的制作

对于地面起伏较大、楼房较高的地区，需用正射投影仪制作正射像片，再按像片拼贴镶嵌的方法制作正射影像图。具体思路与方法如下。

如果将相邻两张航摄底片放在左右两个投影器中，经过定向，就建立一个与地面完全相似，且方位一致的地面模型。为了获得各点的正射投影位置，再在承影面上放一张感光膜片，并在其上蒙上一张不透光材料。此材料上有一条狭长缝隙，在纠正的任何瞬间，只有缝隙下面的感光材料被露光。缝隙沿某一方向跟踪模型表面扫描。扫完一带，缝隙沿垂直于断面方向移动一段距离，直至整张像片扫描完毕，经处理，即可获得一张正射像片。

采用"在线"方式作业时，正射投影仪与全能测图仪器联机，在立体测图仪上扫描断面的同时正射投影仪与它同步进行扫描，并晒印正射像片。

采用"离线"作业（又称脱机作业）时，将立体测图仪扫描的高程断面数据记录在存储器内；而后将存储器内的高程断面数据装在读出器上，通过控制系统控制正射投影仪扫描，印晒正射像片。

为了保证正射投影纠正的质量，一般应注意以下几点。

（1）供扫描用的透明正片，不得有划痕、斑点和指纹。

（2）在正射投影仪上，尽量使用电算加密结果安置外方位元素作业效率，又可保证定向精度和扫描像片的几何质量。

（3）在正射扫描片上应打出图廓点位置，实际扫描范围应超出图外不少于 8mm。

（4）扫描方向一般应选择垂直于航线方向。对于非正方形图幅，应考虑使长的图边与扫描方向一致。

（四）影像地籍图的制作

经纠正仪纠正镶嵌获得的像片平面图或采用正射投影仪制成的正射影像图，还需要加绘地籍要素和经图面整饰，才可得到满足用户要求的影像地籍图。具体做法如下。

（1）外业调绘。在像片平面图和正射像片上进行外业地籍调绘，主要是宗地界址和权属调查、房屋和道路的核查及调绘注记，并填写有关调查表格。当补调新增建筑物和屋檐内缩尺寸时，要充分利用调绘志。

（2）将外业调查结果转到内业像片平面图或正射像片上，建立初始航测地籍图文件。

（3）编制地籍图。除地籍图地物要素外，还需要坐标网格和地理注记，图廓外需按要求整饰。

（4）如用户有特殊要求，地籍图上可加绘等高线。

（5）其他制作。对于正方形或矩形分幅的影像地籍图，可制作统一的图框版。图框版包括内、外图框和公里网。

二、解析测图仪测绘地籍图

解析测图仪属于全能测量仪器，是一种多功能的立体测图仪。它由带反馈系统的精密立体坐标量测仪、电子计算机、数控绘图桌、接口设备、控制台、记录打印设备及相应软件，以联机方式组成。计算机是该系统的核心，用它解算立体模型上像点坐标与相应点的三维坐标间的相应关系，从而建立被测目标的数学模型，以实现各种点位、断面、等高线等目标的量测任务。

目前，在航测中使用较多的解析测图仪主要有 PlanicompC-100 解析测图仪、BC-2 和 US-2 等解析测图仪。

为了适应航测由模拟测图走向解析测图的技术进步和发挥原有设备的作用，有些精密立体测图仪经技术改造后亦可用于解析测图。例如，将 B8S

改造成解析测图仪的 B8S-AAB，它的量测精度小于 ±5μm；此外，从德国进口的 Topocart-B 立体测图仪改造成解析测图仪，坐标量测精度亦在 5μm 以内，可用于 1：500 的测图，并具有房屋自动闭合、屋檐内缩改正功能。

作业前应使解析测图仪主机、计算机和数控绘图仪等处于良好状态。资料准备包括透明正片、调绘片、控制片和电算数据等。

解析测图仪经过装片，输入各种参数（基线、焦距、框标数据、定向点数据等），相对定向和绝对定向后，即可量测数据和测图。由立体坐标量测仪量测界址点坐标、计算机解算坐标和面积，由数控绘图仪绘制线划地籍图，或向存储装置存储数字地籍资料。

陕西省测绘局在西安城区，采用 C-13 型解析测图仪进行比例尺为 1：1000 和 1：500 的地籍图测绘实验。作业要点是：在仪器上测绘地籍要素和地形要素。其具体做法是：1：1000 的图幅按一次成图要求进行全要素测绘；1：500 的图幅分两版测绘，其中一版为红版，测绘地籍要素；另一版为黑版，测绘水系和其他地形要素。为了确保成图精度，在仪器绝对定向后，选择本像对中二栋外业已给定长度且房基角明显的房屋，测绘在图板上，然后以已给长度与图上长度比较，其差小于图上 0.5mm 时，方可开始全面测绘，否则要查明原因，方可测绘。

仪器上测绘，按照"外业定型，内业定位"的原则，以模型实测确定地物位置，当外业调绘确有错误时，可根据模型进行改正。

含房屋建筑面积范围和宗地界线是地籍图中最重要的要素，测绘时要准确无误。测定房屋，以房基角为准，仪器能观察到房屋基角的，用测标切准即可，看不到房基角时投影在图板上，用红线连接，将由编图人员进行房檐改正。若无影像或影像不清，仪器无法测绘，则仪器操作人员在调绘片上标明，将由编图人员处理。

采用解析测图仪测绘地籍图经过实地检测，每幅图地物点平面位置超过 2 倍中误差的数均在 5% 以内，计算出的地物点位移均在规定的图上 ±0.5mm 之内，完全符合地籍成图的精度要求。

三、航测数字化地籍成图

"地籍图的航测数字化成图"是解析测图仪和计算机技术发展的产物。

它从根本上改变了只有图纸为载体的地图和地籍图产品，而以数据软盘形式保存图件，便于建立地籍数据库和地图数据库。根据有关生产单位试验资料，有的航测数字化成图采用"三站一库"的工艺流程形式，即数字化测图工作站、数字化图形编辑工作站、数字化图形输出工作站和图件数据库。如果进行地籍调查和界址点加密等工作，则形成航测数字化地籍成图工艺。作业时，解析测图仪联机进行解析空中三角测量加密；各种地物要素特征码用立体量测仪在航片上进行数据采集，用机助制图系统对数据进行批处理；用性能优良的平差程序将特征点、像控点等坐标转换成大地坐标的坐标串数据文件；利用数字化测图软件，将数据形成图形文件；在系统软件的驱动下，将上述文件和外业调绘资料（如屋檐改正等）实行微机图形编辑。再加上图廓整饰，生成地形图或地籍图，也可将数据存盘，生成数据图形文件。

四、数字摄影测量与数字摄影测量系统简介

数字摄影测量是基于数字遥感图像与摄影测量的基本原理，应用计算机技术、数字影像技术、影像匹配、模式识别等多学科的理论与方法，对所测对象的几何性质、物理性质用数字方式表达的测量方法。它是摄影测量的分支科学。

数字摄影测量系统是根据数字化测量原理而研制出的一个全软件化设计，功能齐全、高度智能化的空间三维信息采集和处理系统。提供从自动定向、自动空间三角测量到快速自动产生数字高程模型，自动进行正射影像纠正，自动进行数字高程模型拼接和任意影像镶嵌等整个作业流程。它处理的原始信息数据不仅可以是航空摄影数字化影像，而且能处理其他航天、航空遥感数字影像，并以计算机视觉代替人眼的立体观察，已成为当前数字城市和 GIS（Geographic Information System）空间数据采集的主要工具。显而易见，随着数字摄影测量系统软件的不断开发与完善，在用于城镇地籍测量、制作地籍图等方面，数字摄影测量系统有着广阔的前景，并将显示出巨大的优越性。

初始的数字摄影测量系统仍可以人工作为辅助，高自动化的数字摄影测量系统无疑是计算机时代人们追求的目标。由数字影像经过数字摄影测量系统的图像处理，生成各种数字的模拟的地图产品（包括地籍图）。可用常

规的摄影测量成果输出硬拷贝，也可直接将数字产品输入地理信息系统和土地信息系统供用户使用。

目前已投入生产应用的 VirtuoZo 全数字摄影测量系统是国际上公认的三大数字摄影测量系统之一。其主要用途为利用和处理高分辨率的数字图像，自动生成数字高程模型、正射影像图和进行数字地形图的测绘并可生成三维景观图等。

第五节　地籍调绘与宗地草图制作

一、航片地籍调绘

利用遥感图像成图，调绘工作仍必不可少，采用航测法制作地籍图，外业航片调绘尤为重要。通过航片地籍调绘，不仅是准确判定图根控制点、界址点在航片上位置的需要，而且是查清权属界限、确定地物性质与权属、查明土地所有者或使用者名称的重要环节。

航片地籍调绘一般采用放大了的航片进行。有时为了记录、标注外业调查的数据，在调绘航片上蒙一张等大的聚酯薄膜，称为"调绘志"，可随时用铅笔将补调地物的形状、尺寸以及有关地籍内容，标记在调绘志上。

航片地籍调绘一般可分三个方面的工作：调绘准备、外业调绘和调绘整饰。

调绘准备工作内容包括：航片编号、分幅装袋和打毛，制作航片结合图表，进行航片室内预判等。通过调绘准备工作的实施，确保外业调绘按计划、有目的地进行。

（1）外业地籍调绘的重点是土地权属界线，各种地物性质、权属、位置等。外业调绘时，尤其要注意以下五点。

①要准确地在航片上标出界址点、界址线。界址点应在航片上刺孔（直径为 0.1mm）。

②对航片上各种明显的，按比例表示的地物，着重调查权属、性质、质量和相互关系。

③对航片上影像模糊或被阴影遮盖地物和新增地物，要采用截距法、

距离交会法、延长线法、直角坐标法等补调补测方法进行调绘，并将补调补测内容与数据记录在"调绘志"上。

④对航摄后被拆除地物，在其影像上用红色"×"划去，范围较大的用文字加以说明，以免内业错绘在图上。

⑤各种地名、街道名、土地使用单位（或个人）名称，要实地询问证实，并在"调绘志"的相应位置标注清楚。

航片调绘整饰是在外业调绘后，在室内用永不褪色的绘图墨水在航片上按照规定的符号、注记、颜色将调绘内容描绘清楚，并签注调绘者的姓名与调绘日期。

一般情况下，用红色描绘界址点和土地权属界线，注记土地使用单位（或个人）的名称，其他调绘内容均为黑色。

（2）描绘时应注意以下七点。

①界址线用0.3mm的实线表示，以围墙为界的，界址线与围墙影像重合，并要表示围墙的归属。

②界址线与房屋轮廓线重合的，以界址线表示，界址线与单线地物重合的单线地物符号不变，其线型按界址线表示。

③平房以外墙勒脚以上的墙壁投影为准绘出，楼房投影误差较大，以底层的建筑面积范围线为准绘出房基线。

④无地物影像的界址线，以相邻两界址点的直线连线为界址线。

⑤高大的楼房在描绘时，要去掉在航片上的阴影和投影差影像的部分，以墙角位置为准绘出房屋占地范围用0.15mm的黑实线绘出。

⑥大屋檐房屋要丈量屋檐宽度标绘在调绘志上，由内业进行屋檐内缩，绘出实际以墙体为界的房屋图形和尺寸。

⑦河流、围墙、道路、街道边界线等用相应的符号绘出，各种注记标注在相应位置，并要求清晰易读。

二、利用航空遥感图像制作宗地草图

结合外业地籍调绘，利用放大的航空摄影图像绘制宗地草图会收到事半功倍的效果。利用放大的航空摄影图像制作宗地图草图的工作内容有摄影图像的复印放大、外业勘丈、宗地草图的绘制等。

由于宗地草图的比例尺是概略的比例尺，在放大航空遥感图像时，首先采用航摄部门提供的航片比例尺 $1:m$ 和需制作宗地草图的宗地面积大小及概略比例尺 $1:M_{概}$，计算出放大倍数 K，再利用复印机将相应部分放大（可经多次放大）。提供野外勘丈时使用。例如某航摄遥感图像的比例尺为 $1:2800$，需制作 $1:250$ 的宗地草图，那么放大倍数为 $K11.2$。

通过计算，在普通复印机上经 4 次放大复印即可得到概略比例尺为 $1:250$ 的航摄影像复印件。

在野外地籍勘丈时，将放大复印的航摄影像图与实地对照，确定土地权属界的走向、界址点的位置及地物的相关位置等。在图像上用相应的符号标出界址点，用皮尺实地丈量界址点到界址点的距离和地物（房屋建筑物）的长宽，并用铅笔标注在相应的位置上。若需补调新增地物，则采用截距法、距离交会法、延长线法、直角坐标法等方法进行补测，并将补测的结果描绘到图像上。

.宗地草图的绘制，一般是在回到驻地之后进行。具体做法是：将透明膜片蒙在调绘（勘丈）后的图像上，根据宗地草图的制作要求蒙绘所需内容，标注相应注记，最终完成宗地草图的制作。

参考文献

[1] 赵丽红,罗志军,曾建玲.国土资源管理与信息技术应用[M].南昌:江西科学技术出版社,2020.

[2] 李素平,汪志宏,杜防微.现代国土资源管理与土地资源建设[M].哈尔滨:哈尔滨地图出版社,2020.

[3] 孔德静,赵秋泉,王炜.国土资源管理与城乡规划建设[M].西安:西安地图出版社,2019.

[4] 孔德静,刘建明,董全力.城乡规划管理与国土空间测绘利用[M].西安:西安地图出版社,2022.

[5] 杨东朗.土地资源管理[M].西安:西安交通大学出版社,2020.

[6] 杨朝现.地籍管理[M].北京:中国农业出版社,2020.

[7] 涂小松.地籍与不动产登记管理[M].南昌:江西教育出版社,2017.

[8] 吴向阳,蒋辉,王守光.不动产权籍的调查与测量[M].北京:测绘出版社,2021.

[9] 李天文.现代地籍测量(第3版)[M].北京:科学出版社,2022.

[10] 侯方国.房产测绘(第2版)[M].郑州:黄河水利出版社,2019.

[11] 张永红.不动产登记实务参考手册[M].银川:宁夏人民出版社,2018.

[12] 黎耀平.土地调查技术[M].成都:成都地图出版社,2019.

[13] 李爱农,雷光斌.覆被遥感监测山地土地利用[M].北京:科学出版社,2021.

[14] 中国土地勘测规划院.全国土地利用遥感监测成果影像集[M].北京:中国地图出版社,2018.